年金不足2,000万円はまったく心配ない

公認会計士／税理士／不動産鑑定士補
saneto hideshi 実藤秀志

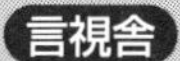

はじめに

令和元年5月22日に金融審議会市場ワーキング・グループが発表した「高齢社会における資産形成・管理」報告書（案）（以下ではワーキングレポートと略す）は日本の人々に衝撃を与えました。

ワーキングレポートでは、基本的に今後の高齢化を鑑みて老後人生のレンジを65歳から95歳の30年間として、毎月年金の収支が65歳夫、60歳の妻の標準的家庭？で5万円不足し、30年間で約2,000万円の取崩しの必要性を指摘したのです。これが、いわゆる「年金不足2,000万円」という言葉が誕生した瞬間でもあったのです。

「年金不足2,000万円」のリアル

その後、各種年金本やお金本の帯などに「年金不足2,000万円」という言葉がたびたび登場することとなりました。

ところで、私は以前トータルＥメディア出版というところから、『老後破産しないための6,000万円獲得大作戦』（2017年11月25日初版発行）という本を出版しました。この本は、60歳から80歳までの20年間を念頭におき、毎月の生活費を25万円に設定して、20年間の生活費総額6,000万円（25万円×12カ月×20年）をあの手この手でゲットしようとするものでした。

しかし、国はワーキングレポートにおいて、さらに厳しく

30年間を念頭に置いていますから、先の拙著の目標獲得額は、実に9,000万円（25万円×12カ月×30年）になるのです。

実は、年金不足2,000万円と9,000万円獲得とは表裏の関係にあり、憲法第25条第1項に言う「健康で文化的な最低限度の生活」を営むための毎月の生活費と思われる25万円を、老後30年間維持することは並大抵のことではありません。さらに、毎月必要とされる25万円には、医療費などの臨時的支出は全く入っていない金額なのです。

以上は年金を中心とした話でしたが、人生において、お金を得る手段はもちろん年金だけでなく、自身の貯金が十分ある方はそんなに年金に頼らなくてもいいと思われますし、また親が資産家であれば相続で多額の財産が入ってくることもあるでしょう。さらに、資産運用にたけている方であれば、資産運用で年金以上の成果をあげるかもしれません。

つまり、**人生の要素は多種多様であり、さらに人それぞれ置かれている立場や資産総額も異なってくる**のです。

そこで、本書では**「年金不足2,000万円」をいかに埋めていくかを中心にして、その手法を開示**します。読者の皆様においては「年金不足2,000万円」はまったく心配ないことを理解してもらいたく、本書を執筆した次第です。

本書の特色

第1章では、「年金不足2,000万円」の背景と年金の基礎について説明しました。年金の基礎については、年金を増やす裏技も含め必要な点をコンパクトにまとめてみました。

第2章「年金不足2,000万円を補う基本原資」では、預貯金から始まり各種基本原資について説明しました。ここでの特徴として、巷で出ている同類書は結局「投資」によって補うことを勧めているものが多いのですが、**私は「増やすより減らさない」ことを主眼とすることをお勧め**しています。

第3章「年金不足2,000万円を補う大きな原資」では、人生で最も大きなお金が動く贈与と相続について説明しました。贈与については、暦年贈与や特例を上手に使って、財産を移転してもらいたいものです。相続はもめず、とりあえず納税まできちんとできれば十分です。

第4章「年金不足2,000万円年代別対処法」では、20代からの対処法について、財産表と収支表を紹介しながら、平均年収や平均貯蓄などの情報も示しながら説明しました。また、私自身の体験を踏まえ、自営業編も試みてみました。

終章「それでも年金不足2,000万円が心配な人のために」では、お金のかからない生活と生活保護について説明しました。

ところで、世の中にはお金の本があふれかえっていますが、私の分類では、ひとつはこうしたらお金持ちになれるということをメインとした「啓蒙本」と、もうひとつは年金などの制度を詳しく解説している「解説本」に分かれます。しかし、前者の本を読んでお金持ちになったという話は聞いたことがなく、後者の本の実用性はもうひとつと感じたのは私だけでしょうか。そこで、**本書は真に役立つお金の本、いわば「お金の実用書」を目指して執筆**しました。

また、公認会計士・税理士という立場上、数字についてはどこから持ってきたかという出典をなるべく開示し、税金的視点も随所にいれました。

本書の読者の皆様の老後の年金のみならずお金の不安が少しでも軽減され、そして、本書を読み終わった後**「年金不足2,000万円はまったく心配ない」**と**確信**していただければ幸いです。

最後に、この本出版のきっかけを作っていただきました税理士の本郷尚先生と、本書出版をこころよく引き受けていただきました言視舎代表取締役杉山尚次様に感謝の気持ちでいっぱいです。

令和2年3月　実藤　秀志

年金不足 2,000 万円は
まったく心配ない
目次

第3章　年金不足2,000万円を補う大きな原資

第4章　年金不足2,000万円年代別対処法

終章　それでも年金不足2,000万円が心配な人のために

第１章
年金不足2,000万円の背景と年金の基礎

1　これが年金不足 2,000 万円の背景

先のワーキングレポートがまず強調していたことは、わが国が高齢化社会に突入し、「人生 100 年時代」となったことです。厚生労働省発表の「平均寿命の推移」によれば、日本人の平均寿命は女性が約 87 歳、男性約 81 歳で、今後の寿命の伸びなどを考えれば、人生 100 年時代は十分うなずけることです。

ワーキングレポートでも、こうした人生 100 年時代の問題として、①高齢者雇用の延長、②医療介護の制度改革、③認知症施策、④空き家対策とともに、年金の問題も大いに議論されました。

そして、日本が少子高齢化となれば、年金は実は「積立金」でなく、若い世代からの「仕送り」によって制度設計されているところに、まず問題があるのです。

つまり、老人が増え、子供が少なくなれば仕送りをする人数は減り、年金制度の存続にかかわるのです。

年金について、厚生労働省が公開している「平成 29 年度厚生年金保険・国民年金事業の概況」によれば、月平均の年金受給額は、国民年金 5 万 5,000 円、厚生年金 14 万 7,000 円で合計 20 万 2,000 円となっています。

他方、総務省統計局発表の「一世帯当たりの 1 カ月平均の消費支出」は約 25 万円であり、年金受給額と消費支出額との差は、毎月 5 万円の不足となり、これが 30 年間で、1,800 万円（5 万× 12 月× 30 年）となり、これが年金不足 2,000 万円の根拠となった計算です。裏をかえせば、老後 65 歳から 95 歳まで

の**30年間に、9,000万円（25万円×12月×30年）必要**となるのです。

そして、この年金不足2,000万円、さらなる高齢化、また年金制度の危うさから、国民の多くの方々が老後の心配をすることはよく理解できます。

しかし、まったく心配ないのです。

年金は確かに心配な部分はありますが、私たちの生活は年金だけで成り立っているものではないからです。

預貯金がある程度ある人もいれば、退職金のもらえる人もいますし、資産運用の上手な人もいます。

老後を支えているものは、年金だけでなく、いろいろな要素から成り立っているのです。

また、老後を夫婦で送る人もいれば、今後は激増するであろう単身で過ごす人もいます。

こうした、資産状況や現在の家族状況などを無視して、「年金不足2,000万円」を心配することは、あまり意味のないことと思いませんか。

ただ、世間があまりに「年金不足2,000万円」という言葉に過剰に反応したため、本書でもこのことにフォーカスはします。

また、本書は年金の解説本ではありませんが、次に私なりに年金について、大事な点やポイントなることについて言及してみることにします。

2　年金制度は破綻しない

年金制度について、よく「年金制度は破綻しているので、年金を払っても無駄だ」と言われることがあります。はたして本当でしょうか。

正解は、年金制度は破綻はしない、です。ただし、日本の国家自体が崩壊しない限りという前提ですが。

その理由は、第一に、現状年金受給権が発生している額は1,000兆円以上あり、一方厚生労働省が公表している「年金積立金の運用状況について」による年金積立金の2019年度の金額は166兆円となっているからです。

一見、将来の年金積立金は166兆円しかなく、今後はさらなる少子化により仕送りをしてくれる子供の数は減り、もらう側の老人は超高齢化によって激増するため、年金制度はすでに破綻しているようにも思えます。

もし、今、年金を解散したら、積立金を分配してもらえるどころか、逆に一人1,000万円ずつくらい支払わないと、廃止もできない状態なのです。

年金はある意味借金だらけなのですが、それでも破綻はしないのです。その理由は、**その借金はすぐに返さなくてもいいから**です。

このことは、例えば、個人や会社が借金したことを考えればよくわかります。貸し手（通常は銀行などの金融機関）が、借り手である個人や会社に「すぐ借金を返せ」と迫れば、借り手は破産なり倒産するしかありません。しかし、この借金返済の時間的猶予が与えられれば、この間資本注入を受けたり、支出を削減して資金を作ったりして延命でき、破綻が避けられるのです。

かつても、第二次世界大戦中、日本は戦争が始まる前に、「定額郵便貯金」と今の年金の元となった「労働者年金」の制度をスタートさせました。

定額郵便貯金については、戦争に負けたことで金庫は空っぽ、一方貯金者は引き出しに殺到しましたが、政府は「預金封鎖」という手を使い踏み倒してしまいました。

他方、「労働者年金」については、支給が後だったこともあって、集められたお金は確かに戦争に使われましたが、踏み倒されたりはしませんでした。

ここが、預貯金と年金の大きな違いなのです。

ふたつ目の年金の破綻しない理由は、破綻しそうになれば、**国が助けてくれる**からです。

現在、多額の年金受給権が発生していますから、年金請求裁判でも起こされたら、国側は負け、国家破綻が起こりかねません。それは、国としては絶対に避けなければならないのです。

現状、年金制度は確かに年金保険料だけではまかないきれず、国民年金（老齢基礎年金）の半分は国がまかなっているのです。

この国の負担は、以前の３分の１が２分の１に増大しており、今後年金財政が悪化すれば、３分の２、さらに４分の３へと増大すると思われますから年金制度自体の破綻はそれほど心配しなくていいのです。

このことについて、先ほどの個人や会社の借金の例で言えば、借り手である個人や会社は時間的猶予を与えられている上に、他者から無償で資本注入も受けているようなものですから、破綻リスクは著しく低くなるのです。

３つ目の年金制度が破綻しない理由としては、**年金制度維持のために次のような手が打たれている**ということです。

①保険料を上げる

②給付額を減らす

③支給開始年齢を引き上げる

①については、厚生年金は負担率が毎年徐々に引き上げられていますし、国民年金についても毎年少額アップされているので、実感されていることと思われます。

②については、特に若い人は年金の将来受給額はまだ後のことでしょうから、あまり関心がないかもしれませんが、ひとつ気になることがあります。

日本の年金の運用割合は次のようになっています。

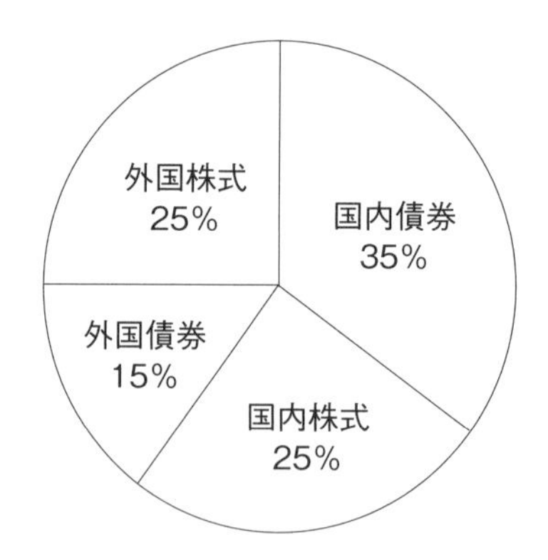

年金の運用はGPIF（年金積立金管理運用独立行政法人）が行なっており、日本はなんと25%を国内株式に運用しているのです。これは世界でも極めて稀なことです。

確かに今は株高なので運用は悪くないでしょうが、株が下落すれば運用も大きな損を出すでしょうから、非常に危ない気がします。

私は厳しめにみて、年金は「現在もらえる予定額の7割」といつも言っているのですが、それはこのようなことなどが気になるからです。

③については、実はこれが切実な問題なのかもしれません。

現在の年金制度ができたのは昭和36年ですが、このときの日本人の平均寿命は内閣府のホームページによれば男性約66歳でした。

この頃は、年金が60歳から支給されても、6年後におおかた亡くなるという試算の元に制度がある程度設計されたものと思われます。

しかし、現在の日本男性の平均寿命は約81歳、このことを制度当初に単純にあてはめると、75歳年金支給開始でも別におかしくないのです。

さて、以上見てきたように、年金制度に危うい要素はあるものの、破綻することはむしろ難しいとわかっていただけたのではないでしょうか。

次に、年金の基本的な説明に移ります。

3　年金の基本を知る

年金についての詳しい説明は「年金解説本」にまかせるとして、ここでは実用的な年金の基本についてお話しします。

年金について受給者各自の関心は、「**自分はいつからいくら年金がもらえるのか**」といことにほぼ尽きるのではないでしょうか。

まず、いつからもらえるかということですが、男女別に生年月日によって、以下のように支給開始年齢が定められています。

男性	女性	支給開始年齢
～1953年4月1日	～1958年4月1日	60歳
1953年4月2日～ 1955年4月1日	1958年4月2日～ 1960年4月1日	61歳
1955年4月2日～ 1957年4月1日	1960年4月2日～ 1962年4月1日	62歳
1957年4月2日～ 1959年4月1日	1962年4月2日～ 1964年4月1日	63歳
1959年4月2日～ 1961年4月1日	1964年4月2日～ 1966年4月1日	64歳
1961年4月2日～	1966年4月2日	65歳

年金の基本中の基本の話ですが、年金は次のように**3階建て**になっています。

【自営業者等】

国民年金基金 （第1号被保険者のみ）
国民年金

【サラリーマン・公務員】

厚生年金基金・企業年金など	3階部分
厚生年金	2階部分
国民年金	1階部分

1階部分は、基礎年金と呼ばれる**国民年金（老齢基礎年金）**で、60歳になるまで払い続けなければなりません。受給は65歳からですが、65歳より前にもらう「繰上受給」も、後でもらう「繰下受給」も可能です。

20歳から60歳まで毎年約20万円を満額支払うと、年約78万円が支払われますが、平均受給額は、厚生労働省年金局「平成29年度厚生年金保険・国民年金事業の状況」によれば、月5万5,000円（年66万円）です。このあとすぐ説明する2階部分の厚生年金は14万4,000円（年172万8,000円）で、両者を合わせて月約20万円となっています。

あらためて2階部分の**厚生年金（老齢厚生年金）**についてです。厚生年金は、厚生年金保険料を払っていた人がもらえます。基本的に、サラリーマンや公務員の人で、保険料を会社と折半して支払います。

厚生年金は、適用事業所で働いていれば、69歳まで払います。

また、厚生年金は、生まれた年齢によって支給開始が若干異なりますが、先の表のように男性であれば1961年4月2日以降、女性であれば1966年4月2日以降生まれの方は65歳からの支給になります。厚生年金も繰上受給も繰下受給も可能です。

自営業者（第１号被保険者）の２階以上の部分のものとして、**国民年金基金**があります。これは公的年金に上乗せの私的年金です。

国民年金基金は加入者が限られていますが、掛金により将来受取る年金額が決まっている「確定給付」であることや、掛け金（月の上限６万8,000円）が社会保険料控除の対象となるなどのメリットがあります。

３階部分である**厚生年金基金**について説明します。

厚生年金基金は、国の年金である厚生年金の一部を代行して、独自の上乗せを行なう仕組みです。現在、運用状況の悪化などにより、代行部分の積立不足が生じ、厚生年金基金は解散し、代行部分を国に返上して、確定給付企業年金へ移行できるようになりました。

確定給付企業年金とは、確定給付企業年金法に基づいて実施される企業年金制度で、これには「規約型」と「基本型」の２つがあります。

規約型とは、事業主が従業員の同意を得て、制度内容を定めた年金規約に基づき、掛金を外部に拠出することにより、その年金資産を管理・運用して、年金が給付される制度です。

基本型とは、事業主が従業員の同意を得て、別法人として設立した企業年金基金が、制度内容を定めた年金規約に基づき、年金資産を管理運用するものです。

税制上、拠出時は加入者は生命保険料控除が受けられ、運用収益は非課税、給付時に年金は公的年金等控除の対象となる雑所得、一時金は退職所得控除の対象となる退職所得になります。

確定給付企業年金の他、確定拠出年金という制度もあります。

確定拠出年金とは、加入者が拠出された掛金を、自らの責任において管理・運用するもので、「企業型」と「個人型」の２つがあります。個人型は、「ｉＤｅＣｏ（イデコ）」という愛称で呼ばれています。

企業型と個人型の２つを以下で表にまとめておきますから、参考にしてください。

また、税制上の優遇措置があります。

	【企業型】	**【個人型】**
実施主体	企業型年金規約の承認を受けた企業	国民年金基金連合会
掛金	事業主が拠出	加入者個人が拠出
加入	会社が退職金制度として導入している場合	自分の意思で任意
運用商品	会社が用意してくれている商品	自分が契約する金融機関の商品

さて、個人の場合、私も加入している「**小規模企業共済**」もおすすめです。

事業主向きの共済で、老齢による給付の他、事業廃止の場合にも給付金が支給されます。

掛金の上限は月７万円までですが、65 歳を過ぎても掛金納付ができ、支払金額全額が所得控除できます。

ここまで年金の基本と、いつから年金はもらえるかの概要を説明してきましたが、**知りたいのは、ここからいくらもらえるか**です。

これはズバリ毎年日本年金機構から送られてくる「**ねんきん**

定期便」の「**老齢年金の種類と見込額**」の最後に記載されているので、必ずチェックしてください。

また、「**ねんきんネット**」(日本年金機構のホームページ)に事前登録すれば、パソコンからいつでも確認できます。

もし、「もれ」や「誤り」が見つかったら、近くの年金事務所へ問い合わせることをお勧めします。

年金の基本でさらに大切なこととしては、**年金の資格受給期間が25年から「10年」になった**こと、基本的に**年金は自分から「請求」しないともらえない**ということです。

最後に年金の基本として税金のことについてですが、年金の税金は公的年金等控除があり、優遇はされています。しかし、この控除額がだんだん縮小されており、令和2年分から65歳以上で年金受取額年330万円の控除額は所得要件もつけられ、120万から110万円になります。

4　国民年金はすごい

（1）けっこうお得な国民年金

国民年金は、20歳から60歳までの国民全員が支払うべき基礎年金ですが、一部の人から「たいした金額しかもらえない」とか「支払うだけ無駄」とか、勘違いされている方も多いのです。

「年金不足2,000万円」に対抗するには、しっかり国民年金のことを理解し、1円でも多くの年金をもらい、**請求もれを防ぐことが大切**なのです。

国民年金がどれくらいお得かを試算してみます。

まず、20歳から60歳まで国民年金年約20万円満額支払うと約800万円（20万円×40年）となります。

他方、もらえる国民年金の額をワーキングレポートの65歳から95歳の30年間に設定すると、満額約78万円とすると2,340万円（78万円×30年）ももらえることになります。

つまり、**支払った金額の約3倍もらえる**ことになるのです。

もちろん以上の金額は満額のシミュレーションですから、すべての人があてはまるわけではありませんが、資格受給期間10年を満たせば、金融商品と比較しても割のいいものと思いませんか。

さて、ここまで説明してきませんでしたが、国民年金の加入者には次の3種類があります。

まず、**第１号被保険者**。これは、自営業者や学生など国民年金を自ら納付しなければならない人です。約1,575万人いると言われています。

次に、**第２号被保険者**。これは、会社員や公務員などのいわゆるサラリーマンで、厚生年金に加入している人です。こうした人の国民年金は、厚生年金の中から支払われているのです。厚生年金は、定額の国民年金と違い、所得に応じ「労使折半」で定率（18.3％）で計算され、会社などの適用事業所が納付します。これらの対象は、約4,267万人います。

最後は、**第３号被保険者**。これは、第２号被保険者に扶養されている配偶者のことで、平たく言えばサラリーマンの妻が中心で、約889万人います。そして、この方々は、国民年金の納付をしなくても支払ったこととなり、たいへんお得なのです。ただし、今このことが不公平だと問題となっていますが。

第３号被保険者になったときの注意点として、健康保険の「被扶養者届」と一緒に、勤務している事業主に提出しなければならず、いわゆる種別変更の届をしなければなりません。

以上みてきたように、国民年金は意外と他の金融商品と比べても、サラリーマンの妻などにとってお得と思いませんか。国民年金と厚生年金どちらがお得かとシミュレーションしている動画も見ましたが、たいてい国民年金のほうがお得という結果になります。でも、そもそも国民年金のみでは普通生活は成り立たないので、この比較はあまり意味のないように思いました。

（2）保険の機能もある国民年金

国民年金には、実は保険の機能も備わっているのです。

国民年金は、年約78万円もらえる「**老齢給付**」の他、事故や病気で障害が残ったときの「**障害給付**」、さらに死亡したときに遺族に支払われる「**遺族給付**」もあるのです。

そして、障害給付は障害基礎年金と障害厚生年金、遺族給付は遺族基礎年金と遺族厚生年金といずれも2階建てになっているのです。

①障害給付について

公的年金加入者が、病気や事故で一定の障害を負った場合、次の障害等級に応じて、支給要件をみたしていれば障害給付が受けられます。

障害等級の例

1級　両上肢の機能に著しい障害を有するもの
　　　両下肢の機能に著しい障害を有するもの
　　　両目の視力の和が0.04以下のもの（原則として矯正視力）
　　　両耳の聴力レベルが100デシベル以上のもの
　　　その他

2級　1上肢の機能に著しい障害を有するもの
　　　1下肢の機能に著しい障害を有するもの
　　　両目の視力の和が0.05以上0.08以下のもの（原則として矯正視力）
　　　両耳の聴力レベルが90デシベル以上のもの
　　　その他

支給要件は、以下の通りです。

1）国民年金に加入している間に、障害の原因となった病気やケガについて初めて医師または歯科医師の診療を受けた日（これを「初診日」といいます）があること。
※ 20歳前や、60歳以上65歳未満（年金制度に加入していない期間）で、日本国内に住んでいる間に初診日があるときも含みます。
2）一定の障害の状態にあること。
3）保険料納付要件。

初診日の前日において、次のいずれかの要件を満たしていることが必要です。ただし、20歳前の年金制度に加入していない期間に初診日がある場合は、納付要件はありません。
(1) 初診日のある月の前々月までの公的年金の加入期間の2/3以上の期間について、保険料が納付または免除されていること。
(2) 初診日において65歳未満であり、初診日のある月の前々月までの1年間に保険料の未納がないこと。

この障害給付も老齢給付と同じく2階建てで、国民年金の第1号被保険者は1階部分の障害基礎年金のみ、第2号被保険者は1階部分のみならず、2階部分の障害厚生年金も受けられます。

次に、いくらもらえるかが気になるところですが、**障害基礎年金について試算**してみます。

障害基礎年金の額は、加入期間に関係なく、障害の等級によって定額で、18歳未満の扶養している子供がいれば加算があります。

例えば、平成31年度では、1級障害であれば、老齢基礎年金の1.25倍、97万5,125円（78万100円×1.25）、2級障害であれば老齢基礎年金の満額78万100円がもらえます。

子の加算については、2人まで1人につき22万4,500円、3人目から1人につき7万4,800円加算されますから、例えば子が3人いれば、52万3,800円（2人×22万4,500円＋1人×7万4,800円）加算されるのです。

そして、障害基礎年金をもらい続けるためには、毎年1回「現況届」を提出する必要があり、死亡したときはもらえなくなります。

②遺族給付について

公的年金の加入者が、死亡したときに、その方によって生計を維持されていた遺族が受けることができる年金が遺族年金です。

この遺族年金も第1号被保険者は1階部分の遺族基礎年金のみ受給できます。

この概要は、「日本年金機構」のホームページにありましたので、次ページに載せておきます。

国民年金（遺族基礎年金）	
支給要件	被保険者または老齢基礎年金の受給資格期間が25年以上ある者が死亡したとき。（ただし、死亡した者について、保険料納付済期間［保険料免除期間を含む。］が加入期間の3分の2以上あること。）
	ただし令和8年4月1日前の場合は死亡日に65歳未満であれば、死亡日の属する月の前々月までの1年間の保険料を納付しなければならない期間のうちに、保険料の滞納がなければ受けられます。
対象者	死亡した者によって生計を維持されていた、 (1) 子のある配偶者　(2) 子 　子とは次の者に限ります ＊18歳到達年度の末日（3月31日）を経過していない子 ＊20歳未満で障害年金の障害等級1級または2級の子
年金額 （平成31年4月分から）	780,100円＋子の加算 子の加算　第1子・第2子　各　224,500円 第3子以降　各　74,800円 （注）子が遺族基礎年金を受給する場合の加算は第2子以降について行い、子1人あたりの年金額は、上記による年金額を子供の数で除した額。

次に、第2号被保険者は1階部分のみならず、2階部分の遺族厚生年金も受けられます。

この点、やはり「日本年金機構」のホームページに概要があったので載せておきます。

厚生年金保険（遺族厚生年金）	
支給要件	1. 被保険者が死亡したとき、または被保険者期間中の傷病がもとで初診の日から5年以内に死亡したとき。（ただし、遺族基礎年金と同様、死亡した者について、保険料納付済期間［保険料免除期間を含む。］が国民年金加入期間の3分の2以上あること。） ※ただし令和8年4月1日前の場合は死亡日に65歳未満であれば、死亡日の属する月の前々月までの1年間の保険料を納付しなければならない期間のうちに、保険料の滞納がなければ受けられます。 2. 老齢厚生年金の受給資格期間が25年以上ある者が死亡したとき。 3. 1級・2級の障害厚生（共済）年金を受けられる者が死亡したとき。
対象者	死亡した者によって生計を維持されていた、 ＊妻 ＊子、孫（18歳到達年度の年度末を経過していない者または20歳未満で障害年金の障害等級1・2級の者） ＊55歳以上の夫、父母、祖父母（支給開始は60歳から。ただし、夫は遺族基礎年金を受給中の場合に限り、遺族厚生年金も合わせて受給できる。） ※子のない30歳未満の妻は、5年間の有期給付となります。 ※子のある配偶者、子（子とは18歳到達年度の年度末を経過していない者または20歳未満で障害年金の障害等級1・2級の障害者に限る）は、遺族基礎年金も併せて受けられます。

年金額（平成31年4月分から）

報酬比例部分の年金額は、次のページの1の式によって算出した額となります。

なお、1の式によって算出した額が2の式によって算出した額を下回る場合には、2の式によって算出した額が報酬比例部分の年金額になります。

1　**報酬比例部分の年金額**（本来水準）

$$\left\{\text{平均標準報酬月額} \times \frac{7.125}{1000} \times \text{平成15年3月までの被保険者期間の月数} + \text{平均標準報酬額} \times \frac{5.481}{1000} \times \text{平成15年4月以降の被保険者期間の月数}\right\} \times \frac{3}{4}$$

2　**報酬比例部分の年金額**（従前額保障）

（従前額保障とは、平成6年の水準で標準報酬を再評価し、年金額を計算したものです）

$$\left\{\text{平均標準報酬月額} \times \frac{7.5}{1000} \times \text{平成15年3月までの被保険者期間の月数} + \text{平均標準報酬額} \times \frac{5.769}{1000} \times \text{平成15年4月以降の被保険者期間の月数}\right\}$$

$$\times 1.000（※）\times \frac{3}{4}$$

※昭和13年4月2日以降に生まれた方は0.998

③寡婦年金・死亡一時金

第1号被保険者の遺族である妻または夫に幼い子がいない場合、遺族基礎年金は支給されませんが、結婚生活が10年以上続いた人には寡婦年金（老齢基礎年金×3/4）が、これがもらえない人には死亡一時金（12万円～32万円）が保険料納付期間に応じて支給されます。

（3）国民年金アップ法

国民年金は自ら納付しなければなりませんが、これにはいろいろ特例があり、それによって国民年金の支払額を下げたり、もらう額をアップしたりできるのです。

そこで、ここではこうした手法について説明します。

①免除と納付猶予

国民年金には、まず、保険料を支払うことが困難な人の場合、「**申請免除**」が受けられます。

これは、所得によって4段階に分かれており、全額免除、4分の3免除、半額免除、4分の1免除があります。

免除期間は受給資格期間に計算されるため、後の特例も同じですが、まず**年金事務所などに問い合わせてみてください**。

退職後、失業のために国民年金の納付の困難な人には、「**特例免除制度**」があります。

次に、「**納付猶予制度**」です。この制度は、50歳未満の人で、就業困難・失業などで保険料を納付できない人が、申請により保険料納付が猶予される制度です。

納付猶予対象者は、一定の所得水準以下など要件はあります。この猶予期間は老齢基礎年金の受給資格期間に反映されますが、年金額には反映されません。

「**学生納付特例制度**」もあります。これは、学生は一般に収入が少ないことから、申請をして承認されれば、国民年金の納付が卒業まで猶予されます。

この猶予期間も受給資格期間に反映されますが、年金額には反映されません。

②任意加入

老齢基礎年金を増やしたい人や10年の受給資格期間を満たしたい人などは、60歳から65歳まで国民年金に任意加入できます。

さらに、昭和40年4月1日以前に生まれた人に限って、65歳以上70歳未満の期間も任意で加入できる特例の任意加入制度があります。

また、年金に未払があれば、納付の時効は2年以内なので、納付をお勧めします。免除等については、10年前まで追納できます。

③付加年金

付加年金は、老齢基礎年金を直接アップする方法ですが、自営業などの国民年金の**第1号被保険者のみ**利用できます。

この制度は、毎月国民年金保険料に400円付加しただけで、将来の付加年金の年額は、「200円×付加保険料納付済月数」という算式で付加されます。

例えば、40年間付加年金を支払った場合、9万6,000円（200円×12月×40年）が毎年老齢基礎年金に加算されて支給されます。

支払った付加年金は19万2,000円（400円×12月×40年）ですから、わずか2年で元がとれて、超お得なのです。

④口座振替・2年前納

国民年金保険料の支払自体を下げたければ、口座振替で2年前納にすれば、2年間で1万5,760円の割引が受けられます。

5　年金のちょっとした裏技

（1）請求手続きが遅れた場合

年金は自ら請求して、手続きを行なわなければ受け取れないことになっています。つまり、放っておいて、勝手に口座に振り込んでくれることはないのです。

老齢基礎年金と老齢厚生年金の支給開始3カ月前くらい前になると、日本年金機構から**年金請求のための書類**が送られてきますから、準備しましょう。

実際、請求手続きは、受給開始年齢の誕生日の前日からとなります。

実は年金の受け取りには時効があります。

時効は5年間で、それ以前のものについては受給できないので注意が必要です。

（2）60歳以降厚生年金を増やす方法

厚生年金は、70歳まで原則加入でき、60歳以降も厚生年金に加入して働けば、老齢厚生年金がアップすることがあります。

目安としては、月の給与1万円で加入期間1年間に対し、年間受給額は約625円アップします。例えば、60歳から5年間給与10万円で働けば、老齢厚生年金は年約3万1,250円（625円×10×5年）アップすることになります。

そして、厚生年金の仕組み上、例えば国民年金の未納期間がある人などが、60歳以降厚生年金に加入して働くと、年金額が大幅にアップすることがあります。

(3) パートで働く妻の壁

妻がパートで働く場合、まず「**103万円の壁**」があります。

この壁は、妻が所得税を支払うか否かの壁で、たいへん有名な壁です。

次は、「**130万円の壁**」です。妻の年収が130万円以下であれば、自ら支払わなくても健康保険と国民年金に加入できます。

しかし、130万円を超えれば、妻も自分で社会保険料を支払わなければなりません。たぶん、年間約20万円が本人負担となるでしょう。

さらに、近年の法改正により、「**106万円の壁**」もできました。

この壁は、従業員501人以上の会社など一定要件を満たす会社で働いた場合、月額給与8万8000円(年収108万円)以上あれば、社会保険の加入対象となったのです。ただ、このことは別に悪いことではなく、これまで第3号被保険者として老齢基礎年金の対象のみだったのが、老齢厚生年金ももらえるようになったわけですから、年金がもらえるチャンスが拡大したと考えられます。

（4）熟年結婚と離婚

厚生年金に加入していて、**以下の要件**を満たせば、**加給年金**をもらえます。

①厚生年金保険の被保険者期間が20年以上あること

② 65歳に到達した時点で、生計を維持している配偶者または子がいること

③配偶者または子の年収が850万円未満であること

加給年金とは、厚生年金保険によって支払われる定額の年金に加えて、さらに受給することのできる年金で、例えば加給年金の対象となる家族がいる場合、加給される金額は以下のように変わってきます。

【配偶者加給年金額の特別加算額】

対象者	加給年金額
配偶者	224,300円
1人目・2人目の子	各224,300円
3人目以降の子	各74,800円

さらに、老齢厚生年金を受けている方の生年月日に応じて、配偶者の加給年金額に33,200円～165,600円が特別加算されます。ただし、年金事務所に所定の書類を提出する必要があります。

この場合の結婚のタイミングとしては、老齢厚生年金の支給開始時期65歳より前でなければなりません。

会社員の夫と妻（専業主婦）だと、夫が加給年金をもらえるのは、妻が65歳になるまでで、それ以降は妻が振替加算を生涯もらえます。

ただ、妻が65歳になる前に離婚してしまうと、夫の加給年金は打ち切られます。妻は65歳になっても振替加算がもらえないため、年金上は妻が65歳になってから離婚するのがお得なのです。

（5）離婚時の年金分割

2007年からスタートした**年金分割制度**は、年間約3万組が利用しているといわれています。

この制度は「合意分割制度」と「3号分割制度」のふたつがあります。

「日本年金機構」のホームページによると、以下のとおりです。

合意分割制度

平成19年4月1日以後に離婚等をし、以下の条件に該当したときに、婚姻期間中の厚生年金記録（標準報酬月額・標準賞与額）を当事者間で分割することができる制度です。

①婚姻期間中の厚生年金記録（標準報酬月額・標準賞与額）があること。

②当事者双方の合意又は裁判手続により按分割合を定めたこと。

合意がまとまらない場合は、当事者の一方の求めにより、裁判所が按分割合を定めることができます。

③請求期限（原則、離婚等をした日の翌日から起算して2年以内）を経過していないこと。

3号分割制度

平成20年5月1日以後に離婚等をし、以下の条件に該当したときに、国民年金の第3号被保険者であった方からの請求により、平成20年4月1日以後の婚姻期間中の3号被保険者期間における相手方の厚生年金記録（標準報酬月額・標準賞与額）を2分の1ずつ、当事者間で分割することができる制度です。請求にあたっては、当事者双方の合意は必要ありません。ただし、分割される方が障害厚生年金の受給権者で、この分割請求の対象となる期間を年金額の基礎としている場合は、3号分割請求は認められません。

①婚姻期間中に平成20年4月1日以後の国民年金の第3号被保険者期間中の厚生年金記録（標準報酬月額・標準賞与額）があること。

②請求期限（原則、離婚等をした日の翌日から起算して2年以内）を経過していないこと。

両制度に共通なのは、以下の3つです。

①分割対象は、基礎年金は対象外で、結婚期間の厚生年金のみ

②離婚後2年以内でないと分割請求不可

③もらえるのは、自身が年金の受給開始になってから

要は合意分割とは、話し合いの上、最大2人の取り分が同じようにする分割で、3号分割とは、相手方の厚生年金保険料納付記録を強制的に2分の1ずつ分割するものです。

ですから、離婚をすれば、必ず奥さんが2分の1もらえるわけではないことに留意してください。

（6）特別支給の老齢厚生年金

年金の受給開始は原則65歳ですが、60歳～65歳の間に一部の世代だけが受け取ることのできる「特別支給の老齢厚生年金」という制度があります。

この制度は、1994年に年金の受給開始年齢が60歳から65歳に引き上げられた際、これまで「60歳から年金をもらえる」と思って老後の設計をしていた方のため、影響を小さくするために設けられた特別の制度なのです。

このことは、誰かが教えてくれることではないのですが、**「ねんきん定期便」の「特別支給の老齢厚生年金」という欄**があり、61歳から受け取ることができると書かれています。男性は1961（昭和36）年4月1日以前、女性は1966（昭和41）年4月1日以前に生まれた人で、10年以上年金保険料を納め、かつ1年以上厚生年金保険に入っていたことがある人が対象です。詳しくは日本年金機構のホームページを参照してください。

この特別支給を受け取ることと、**繰上受給とはまったく別物**であり、特別支給を受け取ったとしても、後の年金額に全く影響ないことから、**必ず受け取ってください**。

具体的には、**特別支給の受給開始年齢の3カ月前に届く「年金請求書」を必ず返送**しましょう。

参考までに、**何歳から「特別支給の老齢厚生年金」がもらえるか**を、以下に示しておきます。**生年月日と性別によってもらえる年齢が異なります**。

60 歳からもらえるのは

【男性】1949 年 4 月 2 日～ 1953 年 4 月 1 日

【女性】1954 年 4 月 2 日～ 1958 年 4 月 1 日　です。

61 歳からもらえるのは

【男性】1953 年 4 月 2 日～ 1955 年 4 月 1 日

【女性】1958 年 4 月 2 日～ 1960 年 4 月 1 日　です。

62 歳からもらえるのは

【男性】1955 年 4 月 2 日～ 1957 年 4 月 1 日

【女性】1960 年 4 月 2 日～ 1962 年 4 月 1 日　です。

63 歳からもらえるのは

【男性】1957 年 4 月 2 日～ 1959 年 4 月 1 日

【女性】1962 年 4 月 2 日～ 1964 年 4 月 1 日　です。

64 歳からもらえるのは

【男性】1959 年 4 月 2 日～ 1961 年 4 月 1 日

【女性】1964 年 4 月 2 日～ 1966 年 4 月 1 日　です。

6　私がよく聞かれる年金のこと

（1）60歳過ぎたらいくら給与を取るべきか

厚生年金をもらうことのできる60歳以上の人が、厚生年金に加入しながら働くと、給与額によっては、老齢厚生年金の一部または全部が支給停止になります。この制度は、「在職老齢年金」と呼ばれています。

給与をもらいながら、老齢厚生年金を満額もらいたいのなら、年齢によって次のような扱いとなります。

①60歳から65歳まで

60代前半の場合には、年金月額と平均月給与の合計額が28万円を超えた場合、原則として超過部分の半額が年金額から減らされます。

②65歳以上の場合

65歳以上の人の場合、老齢厚生年金と平均月給与の合計額が47万円を超えた場合、超えた部分の半額が年金額から減らされます。

この制度は、自営業者などには適用されません。もし年金が全額停止になると加給年金がもらえなくなります。

対策としては、まず、ご自身の年金支給開始年齢を確認して、何歳から支給されるか確認します。

次の２つの働き方を選択します。

イ　在職老齢年金が減額されない範囲内で、生活とのバランスを取りながら働く。

ロ　多少の減額を気にせず、フルタイムで働く。

雇用保険に「高年齢雇用継続給付」という、60歳以上で賃金が下がった場合に補助金が出る制度がありますが、これをもらうと、さらに在職老齢年金が減額されます。

こうした不利益も多いことから、最終手段として、厚生年金対象である「正社員」から抜け、「外注」として働く手があると思います。

(2) 年金はいつからもらうと得か

このテーマは「永遠のテーマ」と言えるでしょう。なぜなら、年金の支給開始はある程度選べますが、死亡日についてはまったくわからないからです。

ですから、細かく計算したところで、結局答えは出ないと思われます。

ただ、ここではひとつの指針は出してみようかと思います。

まず、「マネーポスト」というサイトに、もらう年齢別の国民年金の受給額が、以下の通り掲載されていました。

【何歳でもらうかで大きく変わる国民年金の受給額】

年齢	増減率	年間受給額
70 歳	+ 42%	110 万 7,742 円
69 歳	+ 33.6%	104 万 2,213 円
68 歳	+ 25.2%	97 万 6,685 円
67 歳	+ 16.8%	91 万 1,156 円
66 歳	+ 8.4%	84 万 5,628 円
65 歳	± 0%	78 万 100 円
64 歳	− 6%	73 万 3,294 円
63 歳	− 12%	68 万 6,488 円
62 歳	− 18%	63 万 9,682 円
61 歳	− 24%	59 万 2,876 円
60 歳	− 30%	54 万 6,070 円

これを見ると60歳でもらう（繰上受給）と70歳でもらう（繰下受給）とでは、もらう額が倍以上違うことがわかります。

65歳を分岐点とした場合、60歳からの繰上受給と65歳からの受給を比べると、受給総額が一致する損益分岐点は76歳、逆に65歳からの受給と70歳の繰下受給の損益分岐点は82歳になります。

損益分岐点とは、本来は会計学上の用語で、売上と費用がトントンとなる点、すなわち売上＝費用となって利益がゼロとなる点です。年金では、**支払ってきた年金**と**もらう年金が同額**で一致する点のことです。

あるブログで65歳から国民年金と厚生年金の両方を受給した場合の独身会社員の場合、73歳で元が取れ、既婚の場合は72歳で元が取れるとも出ていました。

私のところにも最近来た「ねんきん定期便」のチラシが入っていて、「受給開始を繰り下げると年金は増額できます。70歳で最大42% UP」とありました。国はやはり、年金受給開始を遅らせたいのだなという思いがひしひしと伝わってきます。

以上の通り、年金をいつからもらうかは、その方の人生観、資産状況、ライフプランなどによって異なります。私は以前は「年金は早めにもらったほうが絶対いい」と言っていました。しかし、最近は70歳までは働けそうですし、95歳までのことを考えたら、私自身はたぶん70歳からの繰下受給を選択する気持ちに変わってきました。

皆様もよく検討してみてください。

第2章
年金不足2,000万円を補う基本原資

「年金不足2,000万円」を補う方法は、年金自体を増やしたり、生活支出を減らしたりいろいろあると思いますが、ここでは**基本原資となるものについて説明**します。

そして、第3章で、人生において最も大きなお金が動く贈与と相続について説明します。

1　預貯金

ワーキングレポートによれば、「**金融資産の平均保有状況**は、夫婦世帯、単身男性、単身女性のそれぞれで、2,252万円、1,552万円、1,506万円となっており、結構持っているという印象です。ここで、金融資産とは、預貯金のみならず、上場株式などすぐに現金化できるものも含みます。

ただ、住宅ローンのような負債がある場合、資産から負債を差し引いた「ネットの金融資産で見ることが重要」であるともワーキングレポートは指摘しています。

また、家計調査「貯蓄・家計編」では、1世帯当たり平均貯蓄額の平均は、1,820万円、中央値は、1,064万円で、だいたい1,000万円くらいの貯蓄があると言えそうです。このくらいあれば生活を工夫し、やりくりすれば心配ないとも思えます。

しかし、別のある金融機関の調査では、2人以上の世帯では32%が貯金ゼロ、独身で41%、全世帯で34%という厳しい結果も出ており、二極化されている印象です。

さて、今後預貯金をどのように増やしていくかです。無理に資産運用することなどはまったく必要ありません。「いかにして今の水準を維持していくか」、つまり「**いかに貯蓄を減らさ**

ないか」を考え、ある程度倹約していくかを考えればよいと思います。

次に**預貯金について注意**することは、「**ペイオフ**」についてです。

ペイオフとは、預金保険制度に加盟している金融機関が、破綻した場合の預金者保護の方法のひとつです。ある預金者への保険金の直接支払いのことで、1金融機関1預金者当たり**元本1,000万円とその利息が保護の対象となる制度**です。この1,000万円というのは、ちょうど先ほどの1世帯当たりの貯蓄額とほぼ一致しますから、なかなか興味深いといえます。

ただし、**全額保護の対象**のものもあります。

それは、「**決済用預金**」と呼ばれる以下の3条件を満たすものです。

①決済サービスを提供できること

②預金者がいつでも払戻請求できること

③利息がゼロであること

多額の預貯金を1金融機関に預けておくのは危険もあるのです。

次に、最近一部で話題にもなっている「**預金封鎖**」について説明します。

預金封鎖とは、ある日突然金融機関の口座が凍結され、預貯金が引き出せないことを言います。

日本でも1946年に、最近では2013年にキプロスで預金封鎖が行なわれました。

対策としては、最低1カ月程度の生活費は手元に準備しておくことです。

さらに、起業等して法人を作り、そこにお金を入れておけば、国としては法人税が取れないと困るので、預金封鎖できないと言われていますから、一考の価値はあるかもしれません。

いずれにしても、**預貯金は「増やすより減らさないこと」**に注力してください。

2　退職金

退職金については、私のような自営業者は**小規模企業共済**などで準備するしかありませんが、退職金のもらえるしっかりした勤め先に勤務していれば、「年金不足2,000万円」が一気に解消になる可能性があります。

退職金の平均支給額について「厚生労働省の就労条件総合調査の概況」によれば、民間企業の人（大卒で勤続20年以上かつ45歳以上）は、1,941万円、公務員は別のサイトで常勤職員で定年退職で、2,167万円という結果が出ています。もちろん、自己都合か否かなどによって違いは出てくるかもしれませんが、これなら「年金不足2,000万円」は一気に解決はできるわけです。

退職金の支払われる根拠ですが、「退職金規定」に従って算定されることが多く、具体的には「**最終報酬月額×勤続年数×功績倍率**」により算定されます。

中小会社の多くは、退職金の支払原資として、**「生命保険」を活用**していることが多いと思われます。

退職金と税金ということで言えば、退職金の税金上のメリットは非常に大きいと言えます。

退職金の計算は、次の3つのステップに分かれ、控除額があり、2分の1にされ、さらに他の所得と分離されて計算され、納付も源泉徴収で終了することも多いため、たいへん便利で税制上の優遇も大きいのです。

①控除額の計算

・勤続年数20年以下　　40万×勤続年数＝控除額

・勤続年数20年超　　　800万+70万×（勤続年数－20年）
＝控除額

②課税所得の計算

（支給された金額－控除額）×50％＝課税所得

③最終的な税金の計算

課税所得×課税所得に応じた税率－控除額＝所得税額

所得税×2.1％＝復興特別所得税

退職金について、前述の税制上の優遇を受けられるのは一時金で受け取った場合ですが、年金として分割して受け取る場合については、公的年金と一緒に「雑所得」に分類されます。

よって、もし一時金でも年金でも受け取り可能であれば、どちらのほうの税金が得か、計算してみる価値はあるかと思います。

最後に、人はお金が入ってくると使いたくなるものです。

おそらく、退職金以外に多額のお金が入ってくる機会は、保険の解約、贈与・相続などに限られることでしょう。

よって、その使い途も賛否はありますが、住宅ローンの返済とか、将来の貯蓄とかに回し、無駄な使い方は避けましょう。

3　保険

私の基本的考え方からまず説明すると、資産運用については消極的で、**保険の活用は積極的**と言えます。

保険の機能は、「貯蓄」や「節税」ではなく、「保障」が本来の目的と考えています。そして、保険の保障機能は、「年金不足 2,000 万円」時代では、2,000 万円不足以外の**「まさかの出費」に対して大いに役立つ**のです。

例えば、ニッセイ基礎研究所の調べでは、1 年間にかかる国民 1 人当たりの医療費は 33 万円、生涯の国民 1 人当たりの医療費は 2,700 万円とあり、これは「**医療保険**」でカバーすることができます。逆にいえばそうしなければ、カバーできないでしょう。

介護についても、生活保険文化センターの「生命保険に関する全国実態調査平成 30 年」によれば、自宅での介護を始める際にかかる一時的な平均費用は 69 万円、月平均費用は約 8 万円となっており、これも「**介護保険**」に入っていればカバーできます。

また、子供がいれば教育費もかかります。「ライフィ」というサイトによれば、幼稚園から大学までオール公立で約 1,000 万円、オール私立なら約 2,500 万円とあり、いずれにしても教育費だけでも多額の費用がかかります。これも「**学資保険**」である程度カバーできます。

さらに、葬儀の平均費用は約 200 万円といわれていますが、これも「**葬儀保険**」によってカバーできるのです。

保険は、税制上も優遇されています。

まず、以下のような所得控除が受けられます。

①生命保険料控除

新契約	新生命保険控除 (最高4万円) (遺族保障等)	介護医療保険料控除 (最高4万円) (介護保障・医療保障)	新個人年金保険料控除 (最高4万円) (老後保障等)

＋　新契約と旧契約の両方について控除の適用を受ける場合は合計で……

旧契約	旧生命保険料控除 (最高5万円) (遺族保障・介護保障・医療保障等)	旧個人年金保険料控除 (最高5万円) (老後保障等)

②地震保険料控除

区分	年間の史針保険料の合計	控除額
(1) 地震保険料	5万円以下	支払金額
	5万円超	5万円
(2) 旧長期損害保険料	1万円以下	支払金額
	1万円超2万円以下	支払金額÷2 +5000円
	2万円超	1万5,000円
(1)(2)両方がある場合	(1)、(2) それぞれの方法で計算した金額の合計額(最高5万円)	

相続税の計算においても、**生命保険は相続税の計算上「500万円×法定相続人数」の非課税枠**があるのです。

保険の面白いところは、かけ方によって税金の種類が違ってくるということです。

この点、日本生命のホームページに掲載されていました「契約者が夫の場合にかかる税金」という表がよくまとまっていたので、掲載させていただきます。

契約者が夫の場合にかかる税金

【満期保険金】

契約者（保険料負担者）	被保険者	受取人	税金の種類
夫	夫	夫	所得税（一時所得として総合課税もしくは源泉分離課税） 受取人が契約者の場合
夫	妻	妻または子	贈与税 受取人が契約者以外の場合

【死亡保険金】

契約者（保険料負担者）	被保険者	受取人	税金の種類
夫	夫	夫	所得税（一時所得として総合課税） 受取人が契約者の場合
夫	夫	妻または子	相続税 契約者と被保険者が同じ場合
夫	妻	子	贈与税 契約者、被保険者、受取人がそれぞれ異なる場合

【年金】

契約者（保険料負担者）	被保険者	受取人	税金の種類
夫	夫	夫	毎年の受取年金…所得税（雑所得として総合課税） 受取人が契約者の場合
夫	妻	妻	年金開始時…贈与税 毎年の受取年金…所得税（雑所得として総合課税） 受取人が契約者以外の場合

以上見てきたように、保険活用は「年金不足2,000万円」の穴埋めのみならず、想定外の出費にも役立つものといえます。

保険の本来の機能である保障という点から、**「かけ捨ての定期保険」が基本**と考えられます。

保険の選び方としては、必要保障額を設定して、そのためにどこの保険会社のどの保険がいいかを選択することがベストでしょう。

例えば、保険金額が同じでも、定期型と終身型とで、保険料が9倍の差だったことが実際あったそうです。

ですから、こうしたことで不利益がないように、保険選択にあたっては、**複数の専門家にシミューレーション**してもらったりして、慎重に選択することをお勧めします。

4　資産運用

資産運用とひと言でいってもさまざまなものがあります。ここでは⑴借入れによるアパート経営、⑵株式・ＦＸなどへの投資、そして近年話題となったビットコインなどの⑶暗号資産（仮想通貨）への投資についてみてみます。

（1）借入れによるアパート経営

遊休地を持っている人などの場合、以前は借入れによるアパート経営がよく行なわれていましたし、私も勧めていた時期もありました。

たしかに、借入れによるアパート経営による**メリット**はあります。すなわち①**収入が増える**、②**土地などの相続税評価が下がる**、③**借入れによって相続税が減少する**、というのはウソではありません。

①については、たしかに収入が増えるとは言えそうですが、それは空室がほとんどないという条件の下で、はじめて成り立つことなのです。

あるサイトで「東京のアパートの空室率は30％超」などとありました。今後は人口もますます減少していくわけですから、空室率も増大し、経営自体たいへんになってくることが予想されます。

②については、たしかに土地などの相続税評価は５割〜７割程度に下がります。しかし、不動産に抵当権を付けるなど不動

産を「負動産化」していて、管理・処分しがたいものにしているとも思われます。「事業」として厳しい目で意思決定すべきです。

③は、私が一番疑問に思っていたことです。あるテレビ番組で「500万円の相続税を節税するため、3,000万円の借金をしてアパートを建てる」という実例を紹介していました。これにより相続税（という国に対する借金）は0になるかもしれませんが、より大きな3,000万円（金融機関に対する借金）が発生するのです。

ですから、アパート経営という事業がよほど割の合う事業でない限り、安易に手を出してはいけないのです。ただ、テレビ番組で紹介した方は運よく上手くいっていましたが。

また、今後のアパート経営については、①人口が減少する、②災害や原発のリスクがあるなどの点でお勧めできないのです。

ただ、遊休地をお持ちで活用したいのであれば、**「定期借地権」による活用**をお勧めします。これならば、低リスクで地代収入が入ってくるので、よいのではないでしょうか。

こうして不動産を活用して収入を得れば、「不動産所得」が発生し、所得税の確定申告をしなければならず、この点も少し面倒なところです。

(2) 株式・FXなどへの投資

株式・FXなどへの投資は、**95%くらいの人が「トントンか損失」**が出ていると言われています。

実は、私も信用口座を設けて、これで生活しようと株式投資をしていたことがあります。

株をやる方の気持ちはよくわかるのですが、ある時損ばかりしていることに、ふと気づきました。「株をやめれば気も使わず、損もしない」ことに気づき、それ以来株は一切やめました。また、ＦＸは好きではないのでやったことはありません。

とはいえ、小金を持っていれば少し投資したいのも人情です。そういうときにお勧めなのは、**NISA（少額投資非課税制度）**です。

NISA口座で購入すると、上場株式や投資信託などの売却益・配当金などが、一定の枠内で非課税になるのです。概要は以下の通りです。

	一般NISA	つみたてNISA
対象者	20歳以上	
運用方法	通常貸付・積立方式	積立方式
年間投資上限額	120万円	40万円
非課税となる期間	5年	20年
対象商品	国内株式・海外株式・投資信託	国が定めた基準を満たした投資信託
非課税対象	対象商品にかかる配当金・売却益等	
口座開設期間	2023年まで	2037年開始分まで
金融機関変更	各年ごとに変更可能	

NISAには、「一般NISA」、「つみたてNISA」以外に、日本に住む0～19歳の未成年者を対象に、5年間、年間80万円までを上限に、売却益などが非課税となる「ジュニアNISA」も2016年からスタートしましたから、全部でNISAは3種類となりました。

株式投資などで売却益が出た場合、NISAや特定口座で源泉徴収あり口座のみで取引している場合を除き、基本的に売却益に対して20.315%（所得税15.315%、住民税5%）の税金が課税されます。

以上のことから、**有価証券関連の投資はせいぜい財産の1割程度**にとどめ、NISAを中心として、財産を減らさないことに重点を置くべきです。

(3) 暗号資産への投資

暗号資産への投資については、ネガティブに考えている人が多いようです。

たしかに、①詐欺まがいのICO、②取引所破綻や盗難のリスク、③各国の規制のリスクなど挙げたらきりがありません。

私自身も勉強のためもあって海外の口座を開設し、仮想通貨の取引をしていますが、この2年間に取引所の破綻(クリプトピア)と閉鎖(コインエクスチェンジ)に遭いました。

また、「借金をしてビットコインを買ったけれど、価格が暴落して、税金をどうしよう」などの相談を受けたこともあります。

こうしたことは仮想通貨に限りません。例えばかつて山一證券が倒産したり、借金をして株を買ったら、その会社がつぶれたなど、仮想通貨に限らず、たまにあることなのです。

つまり、何をするかも大切ですが、**どのようにするかは、もっと大切**なのです。

そこで、私が拙著『ビットコインで億り人になる』(ペンネーム中本哲史で執筆、トータルEメディア出版)の中で紹介している「草コイン投資」を紹介します。

これは、5万円くらいの資金で、海外の取引所にある超低額のコイン(草コイン)を10～50種類くらいに分けて分散投資する方法です。これでも、2018年に「HARA」という草コインが一夜にして9万倍くらいになったりしました。1万円持っていたら9億円になった計算です。

こうしてみると、**草コイン投資は低リスクの割に、けっこう夢がある**と思いませんか。

なお、暗号資産などで利益が出た場合、「雑所得」として所得税の申告をしなければなりません。詳細は、国税庁公表の「仮想通貨に関する所得の計算方法等について（情報）」（2017年12月1日）が参考になります。

最後に**一番儲かる資産運用**を発表します。それは「資産運用はしないこと」です。

5　資産売却

資産売却については、「年金不足2,000万円」解消という点からも**積極的にお勧め**しますが、ここでは**不動産を念頭において説明**します。

なぜ不動産かというと、ほかの動産は売却してもたぶんよくて100万円程度の収入と思われ、不動産売却とは格段の差があると思われるからです。

不動産売却は自宅以外の遊休不動産が対象となると思われますが、これはなるべく早めに行なったほうがよいでしょう。

一般に言われているのは、「2020年東京オリンピック後は不動産は暴落する」です。もっとも、東京オリンピックは、2021年に延期されましたが、最近の新型コロナウイルス騒動ともあいまって、状況はより一層不透明と言えそうです。さらに、今後の空き家問題、原発や災害のリスクなどを考慮したら、**一刻も早く不動産は処分すべき**なのです。

気になる税金ですが、一番大きいものは**譲渡所得税**（復興特別所得税も含む）と**住民税**です。これは所有期間5年を境に、以下のようになっています。

所有期間

長短区分		短期	長期
期間		5年以下	5年超
税率	所得税	30.63%	15.315%
	住民税	9%	5%
合　計		39.63%	20.315%

この税金計算は、他の所得と分離して計算される（分離課税）で、例えば3,000万円で買った不動産（5年超）が、5,000万円で売れたら、406万3,000円{(5,000万円－3,000万円)×20.315%}が税金になります。よって、手取りは、4,593万7,000円です。

以上の説明をふまえ、不要な不動産を持っている方は、売却を強くお勧めします。

6　競馬や宝くじなど

競馬や宝くじなどについても、万馬券を購入したり、年末ジャンボに当選して数億円が当たることもあるかもしれませんが、何せ確率が低くギャンブル性が強いため、「やるな」とは言えませんが、「ほどほどに」ということです。

そして、これらに対してもやはり税金の課税の問題は出てきます。

「ジャンボ」、「ロト6」、「スクラッチ」などの宝くじ売り場で購入できる宝くじについてはすべて非課税です。

しかし、競馬、競輪、競艇、懸賞金などについては、一時所得に含まれ、所得税が課税されることがあります。一時所得になれば、50万円の控除があるため、払戻金や懸賞金の合計額が年50万円以下であれば課税されないのです。一時所得は以下のように算出し、給与などと合算して所得税が課税されます。

(払戻金などの合計額－50万円)×1/2＝一時所得

ちなみに私は、こういったものはほぼ一切やったことはありません。なぜなら、基本的に「他力本願」であることから、どうしても興味が持てないからです。

あとは、一時期「競馬八百長詐欺」や「ロト7詐欺」などが横行していましたから、こういったことにも注意してください。

7　子供に面倒をみてもらう

もし、お子さんが金持ちかつ性格が良ければ、面倒をみてもらえるかもしれません。

しかし、子供がニートや引きこもりになってしまった場合、逆にあなたが子供の面倒をみなければならないかもしれません。

こういうことは希望してもその通りになるとは限りませんし、全くの不確実なことなのです。

ですから、こうなれば「子供に感謝」して、二世帯住宅を建てるなどして、一緒に住むことが理想と考えられます。

8　最後にここで一番大切なこと

「年金不足2,000万円」獲得の原資ということで、いろいろと説明してきましたが、一番大切なことは、「**生きているうちはなるべく仕事をする**」ということではないでしょうか。

私はいつも「最高の年金は仕事をすること」と言っています。ある程度の年齢になっても仕事をしているということは、①健康であること、②社会貢献をしているという生きがいを感じること、③仕事が順調なときは結果人間関係も良好なことなどに起因します。

仕事をするということは、給与収入なり事業収入なりの収入を得ることになりますから、経費などを差し引いた手取額が2,000万円獲得の原資として寄与するのです。

もちろん、ここでの仕事は必ずしもお金を得るものだけではありませんが、人に喜んでもらい、正当な対価を得るほど喜ばしいことはないでしょう。

ですから、一番大切なことは「仕事」をすることだと私は思います。

第３章
年金不足2,000万円を補う大きな原資

第２章では、「年金不足2,000万円」を補う基本原資について説明しました。ここでも、退職金、保険、資産売却といった多額のお金を得る可能性のあるものもありますが、なんといっても多額のお金を得る可能性が大きいものとしては、贈与・相続が挙げられます。人によっては、何千万どころか、数億円を得るようなことも多々あるからです。

そして、贈与・相続の巧劣によって、その後の人生が変わってきたり、ライフプランが変わることもあるのです。

そこで、この章では、「年金不足2,000万円」を補う大きな原資である**贈与と相続について、その仕組みと特例について**説明します。

Ⅰ　贈与編

1　贈与の仕組み

まず相続発生前に子供や孫に贈与する**生前贈与**について説明します。

「年金不足2,000万円」を補う大きな原資としての贈与という以上、贈与者である親などがある程度の資産家である必要はあります。しかし、現実には、贈与税の非課税枠である110万円の枠内で毎年少しずつ贈与をしている例も多々あります。

なぜ、こうした生前贈与を多くの人がされるのかというと、やはり一番は相続税対策です。すなわち、生前には配偶者や子や孫に非課税枠や特例を使って財産を移転させておけば、相続税が減少するからです。

贈与税の仕組みは、大きく分けて「**暦年課税**」と「**相続時精算課税**」のふたつに分けられます。

2　暦年課税

暦年課税とは、1月から12月までの間に受けた贈与されたものに対し、贈与を受けた人（受贈者）に課税される制度です。この制度は、誰でも利用でき、現金のみならず有価証券や不動産などあらゆる財産が対象になります。

説明のために**一般贈与財産の税率表**を載せます。

【一般税率】

基礎控除後の課税価格	税率	控除額
200万円以下	10%	—
300万円以下	15%	10万円
400万円以下	20%	25万円
600万円以下	30%	65万円
1,000万円以下	40%	125万円
1,500万円以下	45%	175万円
3,000万円以下	50%	250万円
3,000万円超	55%	400万円

「**基礎控除**」というのは**110万円の非課税枠**のことで、ある人から300万円の贈与を受けた場合の贈与税額は18万5,000円｛(300万円－110万円)×15％－10万円｝になります。

さて、みなさん「**控除額とは何だ**」と疑問に思うかもしれません。贈与税は段階構造になっており、上の表のように控除額10万円であれば「(300万円－200万円)×10％」、25万円であれば「10万円＋(400万円－300万円)×15％」で算出されているのです。

近年の改正で、父母や祖父母などの**直系尊属から20歳以上の子や孫などに贈与した場合の特例税率**が以下のように定められました。

【特例税率】

基礎控除後の課税価格	税率	控除額
200万円以下	10%	—
400万円以下	15%	10万円
600万円以下	20%	30万円
1,000万円以下	30%	90万円
1,500万円以下	40%	190万円
3,000万円以下	45%	265万円
4,500万円以下	50%	415万円
4,500万円超	55%	640万円

ここで、2,000万円を贈与した場合の**一般税率と特例税率の差異**をみてみます。

・一般税率によって贈与した場合

贈与税額＝(2,000万円－110万円)×50％－250万円
＝695万円

・特例税率によって贈与した場合

贈与税額＝(2,000万－110万円)×45％－265万円
＝585.5万円

よって両者の税額は109.5万円も違うことになります。

もちろん、贈与方法として、いきなり2,000万円贈与するようなことはありません。例えば、大金持ちの祖父がかわいい孫に毎年500万円贈与したらどうなるでしょうか。特例税率が使

えるので、孫の支払う贈与税額は485,000円｛(500万円－110万円)×15％－10万円｝で、500万円をもらって贈与税は48万5,000円、手取りは451万5,000円ですから、かなりお得と思いませんか。

親が金持ちで、子供が3人いれば、毎年子供3人に500万円ずつ贈与していけば、10年間で1億5,000万円（500万円×3人×10年)、財産が小さな税率で移転できるのです。

毎年200万円を10年間贈与されれば、ほぼ「年金不足2,000万円」は解消されるわけです。

また、以下のような一定の贈与については、**贈与税がかからないもの**もあるため、あてはまれば検討してみるのもいいでしょう。

①夫婦、親子、兄弟、姉妹などの扶養義務者から生活費や教育費として提供された財産。

②奨学金の支給を目的とする特定公益信託。

③公職選挙法の適用を受ける選挙の候補者が選挙運動のために所得した金品。

④相続や遺贈により財産を取得した人が、相続があった年に被相続人から贈与により取得した財産（別途相続税はかかります)。

そのほかにも、宗教、慈善、学術などの公益を目的とする事業を行なう一定のものが取得した財産で、その公益を目的とする事業に使われる場合や、心身障害者共済制度に基づいて支給される給付金、香典、花輪代、年末年始の贈答祝物、または見舞いなどのための金品での社会通念上相当と認められるもの、直系尊属から贈与を受けた住宅取得等資金のうち贈与税の課税価格に算入されなかったものなどにも贈与税はかかりません。

申告については、贈与税額があれば、受贈者が住所地の所轄税務署長に対して、贈与を受けた年の翌年2月1日から3月15日までに贈与税の申告をしなければなりません。

3　相続時精算課税制度

相続時精算課税制度とは、60歳以上の父母や祖父母から、20歳以上の子や孫に対して、財産を贈与した場合の**特例制度**です。

この制度のポイントは、以下のものが挙げられます。

①贈与者と受贈者の適用要件が厳格に決められているので、誰でも利用できるわけではない。
②この制度を選択した場合、暦年課税に戻ることはできない。
③贈与財産の種類、金額、贈与回数には制限がない。
④贈与税額計算が特殊で、2,500万円までの特別控除額があり、2,500万円を超えると超えた部分に対して一律税率20%。
⑤相続税の節税効果はあまり期待できない。

というのも、この制度を選択した場合、贈与財産が、相続時に引き戻され、相続財産に贈与時の評価額で加算されるので、贈与時より相続時のほうが価額が大きく上昇している株式や不動産などを贈与する場合以外では、まったく節税にならないのです。

ただ、先ほど暦年課税で特例税率を使って2,000万円を贈与した場合の手取りは約1,400万円となり、現実には毎年いくらかを贈与していくのが現実的と説明しましたが、この特例制度を使えば、一気に2,000万円を無税で贈与できます。

ただ、「年金不足2,000万円」といっても、2,000万円すぐに不足しているわけではないので、暦年贈与のように一旦贈与税を払って課税関係を終了したほうが、使いやすく、節税効果もあるので、正直この制度はあまりお勧めしません。

手続きについては、この制度を選択しようとする受贈者は、その選択に係る最初に贈与を受けた年の翌年2月1日から3月15日までの間に、納税地の所轄税務署長に対して、「相続時精算課税選択届出書」を受贈者の戸籍謄本など一定の書類とともに、贈与税の申告書に添付して提出しなければなりません。

4　贈与税の特例の活用

（1）贈与税の配偶者控除

ここからは、**贈与税の特例を使って、効率よく無税で贈与できる制度**について説明します。

トップバッターは、非常によく使われている**「配偶者控除」の特例**です。

この特例は、婚姻期間が20年以上の夫婦の間で、居住用不動産や居住用不動産を取得するための金銭の贈与が行なわれた場合、110万円の基礎控除の他、最高2,000万円までの控除が受けられるという特例です。

特例を受けるための**要件**は以下の通りです。

①夫婦の婚姻期間20年を過ぎてから贈与が行なわれたこと。
②配偶者から贈与された財産が、居住用不動産か居住用不動産を取得するための金銭であること。
③贈与を受けた年の翌年3月15日まで、その居住用不動産に、贈与を受けたものが現実に住み、その後も引き続き住む見込みであること。

手続きとしては、たとえ税額が0であっても所定の書類を添付して、**贈与税の申告が必要**です。ここでの申告は、普通の申告というよりは、**特例を使う「意思表示」**と考えれば、当該申告の意味が理解しやすいはずです。

また、よく言われている「**裏ワザ**」としては、この特例を使って建物を夫婦の共有名義にしておけば居住用不動産の3,000万円の特別控除が、売却時に夫婦ダブルで6,000万円まで使えるということが言われています。ただ、今後空き家問題が出てくるであろう状況で、自宅を売却して、多額の売却益を出すこと自体少し疑問ですが。

この特例の活用についてですが、2,000万円の特別控除と聞くと、「年金不足2,000万円」に合致しそうですが、これはあくまでも夫婦間の贈与の話で、これによって「年金不足2,000万円」の解消にはならないと思われます。

また、配偶者が先になくなると相続税が増える可能性もあります。

メリットとしては、先ほどの3,000万円の居住用不動産の特別控除のダブルでの適用が可能になることと、相続開始前3年以内の贈与でも、相続財産に算入されないことです。

(2) 住宅取得等資金の特例

この特例は、令和3年12月31日までの間に、父母や祖父母などの直系尊属から贈与により、自己の居住用住宅の新築や取得、増改築のための金銭の贈与を受けた場合、一定の要件である次の①と②の非課税限度額まで贈与税は非課税になります。

①下記以外の場合

住宅用家屋の新築等に係る契約の締結日	省エネ等住宅	左記以外の住宅
～平成27年12月31日	1,500万円	1,000万円
平成28年1月1日～令和2年3月31日	1,200万円	700万円
令和2年4月1日～令和3年3月31日	1,000万円	500万円
令和3年4月1日～令和3年12月31日	800万円	300万円

②住宅用の家屋の新築等に係る対価等の額に含まれる消費税等の税率が10%である場合

住宅用家屋の新築等に係る契約の締結日	省エネ等住宅	左記以外の住宅
平成31年4月1日～令和2年3月31日	3,000万円	2,500万円
令和2年4月1日～令和3年3月31日	1,500万円	1,000万円
令和3年4月1日～令和3年12月31日	1,200万円	700万円

この特例の活用にあたっては、受贈者は20歳以上で合計所得2,000万円以下であったり（受贈者要件）、購入する住宅に延床面積や築年数の要件があったり、**要件が複雑**なため、活用は専門家に問い合わせたりして、慎重にすべきです。

この特例ももちろん税額0でも贈与税の申告が必要です。

この特例の評価ですが、当然直系尊属がある程度お金持ちでなければ活用できませんが、おそらく人生で一番大きな買い物であろう自宅購入時にこうした特例を使って無借金で自宅を購入できたらすごくラッキーなことと思われます。また、その後の人生も余裕ができ、豊かなものになるでしょうから、この特例が受けられるような**裕福な家庭であれば**積極的活用をお勧めします。

（3）結婚・子育て資金の一括贈与

この特例は、令和３年３月31日までに、20歳以上50歳未満の人が、父母や祖父母などの直系尊属から結婚や子育て資金を贈与された場合、**受贈者一人につき1,000万円（結婚資金は300万円）まで、非課税**になります。

この制度を受けるためには、贈与を受けた人が金融機関を経由して、**「結婚・子育て資金非課税申告書」を提出**しなければなりません。

この特例の評価ですが、もともと扶養家族の結婚費用等については、贈与税の対象とならないことから、ある程度お金に余裕がある父母などが贈与であることをはっきりさせ、非課税としたい方にお勧めの制度といえます。

（4）教育資金の一括贈与

この特例は、令和３年３月31日までの間に、30歳未満の人が、直系尊属から教育資金として一括贈与を受けた場合、**受贈者一人につき1,500万円まで非課税**になる制度です。このうち、学習塾や習い事などの**学校以外については、500万円まで**が限度になります。

この制度を受けるためには、受贈者が金融機関を経由して**「教育資金非課税申告書」を提出**する必要があります。

この制度については、もともと扶養家族の教育費は、贈与税の対象とはならず、またいまだかつて「おじいちゃんが、孫の私大医学部の入学金等何千万円か支払って、贈与税が課税された」などということは聞いたことがないことから、現実の実効性には疑問がありますが、やはり贈与であることをはっきりさせたい家族間には、少しは需要があるのではないでしょうか。

（5）障害者への贈与の特例

この特例は、**特別障害者へは6,000万円まで、それ以外の障害者については3,000万円まで**贈与税が非課税になる制度です。

この制度の適用を受けるためには、**信託銀行に資金を信託し、金融機関を経由して税務署に届け出る必要**があります。

この制度については、もし要件が当てはまれば、活用を検討してみてはいかがでしょうか。

Ⅱ　相続編

1　相続について

人が生まれてからひとつだけ絶対確かなことがあります。それは、いつかはわからないけれど、死ぬということです。

仮に、夫婦で95歳まで長生きするようであれば、最低夫婦の両親2人ずつ計4人なので4回相続を経験するはずです。さらに、兄弟の相続人になって、相続を経験するかもしれません。

相続といっても、遺産分割から相続税の納付まで多様ですが、お金と関係する相続税の納付までする人は、100人に8人、つまり約10人に1人といったところです。

そこで、ここでは相続税の仕組みから、相続対策、相続税の特例、さらに税務調査にいたるまでコンパクトにまとめて解説しようと思っています。

2　相続税の仕組み

相続税は、相続のみならず遺贈や死因贈与に基因して支払う税金です。

相続人と法定相続分と遺留分（一定の法定相続人の最低限の取得分）は、民法上以下の表の通り定められています。

相続人		法定相続分	遺留分
第1順位	配偶者	1/2	1/4
	子	1/2	1/4
第2順位	配偶者	2/3	2/6
	直系尊属	1/3	1/6
第3順位	配偶者	3/4	1/2
	兄弟姉妹	1/4	0
配偶者のみ		全部	1/2
直系尊属のみ		全部	1/3

相続税の対象となる財産には、預貯金、不動産、有価証券などの他、死亡保険金や死亡退職金などのいわゆる「みなし相続財産」も含まれます。また、借入金や葬儀費用などは、マイナス資産として、財産から差し引くことができます。

また、以下のものは、**非課税財産**として相続税は課税されません。

①**墓地、墓石、祭具等**

②**公益事業用の財産**……宗教など公共の用に供するもの

③**生命保険金**……500万円×法定相続人分

④**死亡退職金**……500万円×法定相続人分

⑤**弔慰金**……A業務上の死亡……給料の3年分

　　　　　　　Bその他の死亡……給料の6カ月分

⑥**その他**……公益法人への寄付金ほか

こうしてプラスの財産からマイナスの財産を差し引いて、次の基礎控除額を超えていれば、相続税の申告・納付を10カ月以内にしなければなりません。

基礎控除額＝3,000万円+600万円×法定相続人数

例えば、相続人が奥さんと子供2人の計3人であれば、基礎控除額は4,800万円（3,000万円+600万円×3人）になります。

また、相続税には、後で説明する各種特例がありますが、これらの特例を使う場合、たとえ税額が0になったとしても、申告自体は必要です。

相続税の税率は、以下の通りで現在最高55％です。詳しい計算は、相続税の解説本に任せます。

法定相続分に応ずる取得金額	税率	控除額
1,000万円以下	10％	−
3,000万円以下	15％	50万円
5,000万円以下	20％	200万円
1億円以下	30％	700万円
2億円以下	40％	1,700万円
3億円以下	45％	2,700万円
6億円以下	50％	4,200万円
6億円超	55％	7,200万円

3　相続対策の失敗は破綻を招く

相続対策といっても、**事前対策**、**争族対策**（争わないためのもの）、**納税対策**、**節税対策**と各種ありますが、相続税はきちんと納税できなければ、年金不足以前の問題として、失敗です。

また、節税ばかり考え、無理して借入金によってアパート経営を行なった結果、空室ばかりで借金で首が回らないこともよくあることです。

まず**事前対策**について説明します。これは相続の準備となるもので、事前に相続税の試算をしてもらったり、税理士などの専門家に相談に行くなどすることです。

争族対策とは、相続において相続人間で争わないようにするための手法で、代表的なものとして「**遺言**」が挙げられます。遺言がなければ、相続人間の遺産分割協議により遺産の帰属が決定されますが、私の経験上、たとえ遺産が自宅だけという場合でも、もめるものです。むしろ、遺産が多い方は、最初から対策がされており、もめない気がします。

ですから、ぜひ認知症などになって意思表示ができないのでなければ、**早めに遺言する**ことをお勧めします。

次の**納税対策**は、最終的には最も重要です。

結局、年金云々以前に相続税の納税ができなければ話にならないのです。

相続税の納税は、10カ月以内に現金一括納付が原則ですが、延納（分割納付）や物納（相続財産事態による納付）も可能です。ただ、**近年物納はたいへん厳しくなってきた**と言われています。

こうした納税を延納や物納にしないためにも、不必要な不動産を売却して現金化しておいたり、生命保険を活用したりして納税対策をしっかり行ない、**納税資金を確保**しておいてください。

最後は読者の皆様が大好きな**節税対策**ですが、私は以前拙著で少し内容は古いですが、以下のようにまとめていました。

節税対策

相続人増加対策→養子縁組の活用

財産減少対策┬→一般の贈与の活用
　　　　　　├→非課税財産の生前取得
　　　　　　├→不良資産の処分
　　　　　　└→公益法人への寄付

債務増加対策→借入れによるアパート経営

評価減少対策┬→土地の利用区分の変更
　　　　　　├→土地信託方式
　　　　　　├→事業委託方式
　　　　　　├→等価交換方式
　　　　　　├→新借地方式
　　　　　　├→建設協力金方式
　　　　　　└→定期借地権の活用

例えば、相続人増加対策をして養子を増やすともめる要素が増え、債務増加対策である借入れによるアパート経営は前述の通りリスクがあります。

評価減少対策も定期借地権以外はそれほど勧められません。

この中では、**財産減少対策のうちの不良資産の処分が一番いい**と思います。

とにかく、行き過ぎた節税対策は、絶対に行なわないでください。

4　相続税の特例の活用

（1）小規模宅地等の特例

小規模宅地等の特例とは、**被相続人が住んでいた土地などについて、一定の要件**を満たせば、80％または50％の評価減をする制度で、以下のような概要となっています。

<table>
<tr><th colspan="3">相続開始の直前における宅地等の利用区分</th><th colspan="2">要件</th><th>限度面積</th><th>減額される割合</th></tr>
<tr><td rowspan="5">被相続人等の事業の用に供されていた宅地等</td><td colspan="2">貸付事業以外の事業用の宅地等</td><td>①</td><td>特定事業用宅地等に該当する宅地等</td><td>400㎡</td><td>80％</td></tr>
<tr><td rowspan="4">貸付事業用の宅地等</td><td rowspan="2">一定の法人に貸し付けられ、その法人の事業（貸付事業を除く）用の宅地等</td><td>②</td><td>特定同族会社事業用宅地等に該当する宅地等</td><td>400㎡</td><td>80％</td></tr>
<tr><td>③</td><td>貸付事業用宅地等に該当する宅地等</td><td>200㎡</td><td>50％</td></tr>
<tr><td>一定の法人に貸し付けられ、その法人の貸付事業用の宅地等</td><td>④</td><td>貸付事業用宅地等に該当する宅地等</td><td>200㎡</td><td>50％</td></tr>
<tr><td>被相続人等の貸付事業用の宅地等</td><td>⑤</td><td>貸付事業用宅地等に該当する宅地等</td><td>200㎡</td><td>50％</td></tr>
<tr><td colspan="3">被相続人等の居住の用に供されていた宅地等</td><td>⑥</td><td>特定居住用宅地等に該当する宅地等</td><td>330㎡</td><td>80％</td></tr>
</table>

この表のうち、**⑥の特定居住用宅地の評価減**が最も多く使われるのではないでしょうか。

これは、例えば、夫婦で豪邸（建物3,000万円、敷地7,000万円）に住んでいて、夫が亡くなり、妻が自宅を相続した場合、そのままの評価では相続税が発生し、妻の居住自体も脅かされるため、配偶者の居住権を守ることから、政策上330㎡まで8割の評価減をするというものです。

よって、この場合の財産評価は、4,400万円（3,000万円+7,000万円－7,000万円×80％）になり、大幅に評価減されます。

ただし、**この特例を受けるためには、一定の書類を添付して、相続税の申告**をしなければなりません。

（2）配偶者の税額軽減

配偶者の税額軽減とは、配偶者が取得した遺産額が、以下の①と②のどちらか多い金額まで、相続税が課税されない制度です。

①1億6,000万円

②配偶者の法定相続分相当額

例えば、遺産が1億円で、妻がすべて遺産を相続しても1億6,000万円以下のため相続税は課税されず、遺産100億で法定相続分（2分の1）に従って50億円を相続してもやはり相続税は課税されないのです。

ただ、後の相続も考えて、遺産分割すべきでしょう。

この特例を受ける場合も、一定の書類を添付して、**相続税の申告**をしなければなりません。

(3) 配偶者居住権

配偶者居住権とは、近年の民法改正によって新設された制度で、**相続によって居住用不動産を相続できなかった配偶者がそのまま住み続けることのできる制度**です。2020年4月から施行されます。

この制度の期間は終身ですが、遺言や遺産分割協議によって、期間を定めることも可能です。

また、遺産分割協議で建物の帰属が確定するか、相続開始から6カ月経つまでは、配偶者短期居住権が認められるため、家賃を払わず住み続けることができます。

この権利を利用するためには、基本的に以下の**2つの要件**があります。

①相続人であること

②相続開始時にその不動産に居住していたこと

この制度により、配偶者は生活費を確保しやすくなり、配偶者の財産が守れると言われていますが、今後の運用を見ていきたいです。

また、自宅に住み続けるためには、**登記する必要**があります。

(4) 税務調査

相続税の申告をすると、**私の経験では8割くらい税務調査が行なわれる**感じです。

税務署としては、提出された相続税の申告書を審理しますが、内容審理の前に、次のことが行なわれます。

まず、税務署より相続人等に**各種の照会文書**が発送されます。

この照会文書には、不動産、預貯金、生命保険金などいろいろありますが、申告のあったもののみならず、税務署で必要と認めたものも含まれます。

次に、税務署内で**資料の収集**が行なわれます。税務署には、各種資料が整備されていますが、そのうち相続税関係で活用されるものとしては、

①所得税確定申告書

②贈与税申告書

③ゴルフ会員権所有者カード

④生命保険金の支払調書

などがあります。

また、架空名義預金の資料も、数多く収集されているようです。

そして、**税務調査をするか否か**に当たっては、

①遺産総額

②資産内容

③被相続人の収入状況

④各種照会文書の回答

⑤税務署内の資料

そして、せっかく相続税を納付しても、税務調査で多額の税金を持っていかれたら、たまったものではありません。

最後に、以前拙著で作った**税務調査のチェックポイント**を載せておきますので、参考にしてください。

チェック項目		チェック欄
現預金	①架空名義のものはないか	
	②家族名義預金の実質所有者は適正か	
	③同族会社の役員の場合、会社取引銀行に預金の申告漏れはないか	
有価証券	①証券会社と取引がある場合、有価証券の申告漏れはないか	
	②家族名義の有価証券がある場合、実質所有者は適正か	
	③特に証券会社と取引が多い場合、資金源は明確か	
	④非上場株式の評価は正確か	
不動産	①名義、所在地は適正か	
	②先代名義になっている不動産の申告漏れはないか	
	③地積や現況は適正か	
	④評価誤りはないか	
	⑤小規模宅地の特例計算は妥当か	
	⑥借地権、借家権などの計上はしたか	
	⑦海外不動産の漏れはないか	
	⑧生前相続や3年以内の贈与財産はないか	
その他	①生命保険金の受取人は適正か	
	②ゴルフ会員権の評価違い、計上漏れはないか	
	③借入金等の計上は適正か	

第４章
年金不足2,000万円
年代別対処法

1　まず財産表と収支表を作成しよう

（1）財産表とは

「財産表」とは、次のもので、あなたの現在の財産の状況を表示したものです。

財産表の金額を相続税評価額とすれば、あなたが本日亡くなった場合の相続税の試算が可能になります。

「財産表」の説明をします。

資産というのは「プラスの財産」、負債というのは「マイナスの財産」で、**資産から負債を差引いたものが（正味）財産**と考えてください。

まず「現預金」についてはあまり評価の問題はないため、そのまま記入してください。これまで、現金については言及してきませんでしたが、家庭内に多額の現金を保有していることはまずないため（タンス預金は除く）言及しませんでした。例えば貸金庫に入れている現金があれば当然財産となります。

次に「有価証券」です。有価証券とは、財産的価値を有する証券のことで、具体的には、株式・債券・手形・小切手などを指します。基本的には、評価は時価で行ないます。

財産表

年　　月　　日現在

項目	細目	金額（円）
資産	現預金	
	有価証券	
	自宅	
	その他不動産	
	車両など	
	その他	
	資産合計	
負債	住宅ローン	
	その他借入金	
	未払金	
	その他	
	負債合計	
財産	資産－負債	

（コピーして何回も使ってください）

「**不動産**」については、①**自宅**、②**その他不動産**、③**車両**などの３つに分けました。

まず、①の**自宅**については、家屋は固定資産税評価額、土地を路線価で評価すれば相続税評価額となりますが、前述の「**小規模宅地の評価減」の適用**を受けられるようであれば、**8割減**の価格で記入しても差し支えありません。

②の「**その他不動産**」については、別荘とか貸マンションなどが対象となりますが、路線価による評価をお勧めします。③の「**車両など**」については、何か商売などを行なっていない限りあまり高額なものは保有していないと思います。ちなみに自動車の相続税評価は、売買実例価額となっています。

資産の最後の「**その他**」に入るものとしては、家具・書画・骨とうなどの家庭用財産と立木や果樹などのその他のものとがあります。

ここで、大雑把でいいので、まず資産合計を算出してみてください。

次に**負債**の説明に移ります。

個人で負債が多い人は少ないと思いますが、「**住宅ローン**」は多額となることは多くあります。しかし、住宅ローンは、もし亡くなった場合でも「**団体信用生命保険**」に加入していれば、支払不要となりますから、相続税評価上はゼロで構いません。

次に、「**その他借入金**」については、知人や住宅ローン以外の借入金が入り、返済すべき金額を記入します。

「**未払金**」というのは、未払税金などを指します。

「その他」には、何かあれば記入してください。

負債合計を算出し、資産から負債を差し引いて、**あなたの現状の財産を確定**します。

(2) 収支表とは

つぎに、「収支表」を作成してみてください。「収支表」とは**一定期間（例えば１年間）の収入と支出の差額（収支差額）**を表示したもので、収支差額がプラスであればおおむね「現預金の増加」、マイナスであればおおむね「現預金の減少」に一致するものと考えてください。

まず、収入のうちの「**給与収入**」についてですが、例えば1年間の給与（額面）が600万円であれば600万円でも構いませんが、ここから税金などを差し引いた手取額であればなお正確なものと言えます。

次に「**事業収入**」については、何らかの事業を行なっている人のためのもので、支出のほうの「給料などの経費支払」と対応します。

例えば、事業収入 500 万円、給料などの経費 200 万円であれば、事業収入 500 万円、給料などの経費 200 万円としてもいいですし、事業収入を 300 万円（500 万円－200 万円）、給料などの経費 0 としてもかまいませんが、ここでも**税引き後の金額を意識**してみてください。

「**不動産収入**」については、不動産を売却した収入、貸アパートの家賃収入などを記入します。ここでも、例えば貸アパートをしていれば、経費や税金の支払を考慮した金額がベターといえます。

収支表

年　　月　　日～　　年　　月　　日

項目	細目	金額（円）
収入	給与収入	
	事業収入	
	不動産収入	
	有価証券売却収入	
	退職金	
	年金	
	保険	
	贈与・相続	
	その他資産の運用・売却	
	その他	
	収入合計	
支出	住宅ローン	
	その他借入金返済	
	未払金支払	
	納付などの経費支払	
	保険料支払い	
	食費などの生活費	
	学費	
	資産購入	
	その他	
	支出合計	
収支差額	収入－支出	

（コピーして何回も使ってください）

「**有価証券売却収入**」については株式などを売却した収入のことですが、前述の通り売却益に対して20.315％の税金がかかるので、これを考慮した金額がよいと思われます。

「**退職金**」と「**年金**」「**保険**」についても、もしあれば、一定期間税引き後のものを記入します。

「**贈与・相続**」については、ここでは受取側となる場合は収入に、支出の「贈与」については支払側となります。贈与・相続については、受取側が税金を支払うため、収入のほうでは税金を考慮したほうがよいです。

「**その他資産の運用・売却**」は、例えば自動車や書画、骨とうなどを売却等した収入を記入します。

最後の「**その他**」は、上記いずれにも入らないもので、例えば競馬や宝くじなどの一時的・臨時的なものを記入します。

以上から、まず**一定期間の収入合計を算出**します。

次に、支出として大きなものとして、「**住宅ローン**」が挙げられます。

次の「**その他借入金返済**」は、個人からのものや住宅ローン以外のものを記入します。

「**未払金支払**」は、税金などを収入と別建てにした場合などに記入します。

「**保険料支払**」は、人生においてもおそらく自宅購入の次に大きな買い物になるかと思います。一定期間の支払額を記入します。

「**食費などの生活費**」については、食費、通信費、水道光熱費など生活のためにかかるものを記入します。

「**学費**」は、子供がいれば塾やおけいこごとの支出から、学校の入学金や授業料を記入します。

「**資産購入**」については、自宅を現金で購入したり、自動車を購入した金額を記入します。

また、上記以外何か支出があれば「**その他**」に記入します。たぶん臨時的なものとか予想外の支出が計上されるはずです。

以上、支出を合計して**「支出合計」を算出**し、収入合計から支出合計を差し引いて「**収支差額**」を算出します。

ワーキングレポートでは、毎月の収支差額がマイナス５万円という試算でしたが、**この試算を各自で行なう**ことになります。

（3）財産表と収支表の使い方

ここでは、仮にあなたが65歳として、**まず財産表**を作ってみます。60代の人の貯蓄額は金融広報中央委員会が公表した「家計の金融動向に関する世論調査」によれば、1,411万円でした。

そこで、これをモデルケースとして、財産表の現預金に14,110,000円を記入します。あとは住宅ローンはなく、自宅の評価額30,000,000円、その他（家財一式）1,000,000円であれば、それらを記入すると、資産合計45,110,000円になります。

次に、収支表を作成します。期間は65歳になった年の暦年などで構いません。仮に、年金は月20万円、年2,400,000円で、それ以外収入はなく、生活費が月25万円、年3,000,000円であれば、収支差額月50,000円のマイナスですから、年600,000円のマイナスとなるわけです。

これにより、このマイナスを補うのは自宅やその他ではまかなえませんから、現預金を取り崩していくわけです。現預金は60万円減少して、13,510,000円となり、これが66歳になる来年に繰り越していくわけです。

そして、66歳になったら、また**１年間の財産表と収支表**を作ってみましょう。

ここで、例えば支出に多額の医療費100万円がかかったような場合、1年間の収支差額は160万円となり、この補てんは現預金1,351万円からされるため、67歳に繰り越される現預金は11,910,000円になるはずです。

このようにして、**毎年財産と収支をチェック**していくことをお勧めします。

2　年代別編

（1）20代の場合

ここでは、主としてサラリーマンの方を念頭において説明します。

20代の人であれば、すでに仕事をもっている人もいれば、学生の方もいて、いろいろ考えて財産表や支出表を細かく作ったところで、不確定要素も多々存在します。ですから、とりあえず参考程度の作成で構わないと思います。

まず、仮にあなたが25歳として、現在の財産表を作成してみます。おそらく貯金もあまりなく、実家から通勤しているかもしれませんが、それでいいのです。

仮に財産表の財産が50万円とします。その後25歳から60歳までの毎年または一括の収支表を作成しています。そこでの収支差額の毎年のものを足していった合計が3,000万円であれば、60歳になったときの予定財産額は3,050万円（50万円＋3,000万円）となるわけです。

こうしてみると、20代というのは私も24歳で初めて就職し、1年で別の事務所に移りましたが、不確定要素がたいへん大きい年代といえます。

「ハタラクティブ」というサイトによれば、大卒者のうちの3人に1人が、3年以内に転職しているとのことです。

私もそうでしたが、20代というのは、おそらく、貯蓄をするというよりは、30代で自分がしたいことへの投資（例えば資格取得）が大きいのではないでしょうか。

年金に関しては、20代の国民年金の未納率は50％ともいわれていますが、学生で生活が苦しい方など生活に困窮しているようであれば、遠慮なく免除申請すべきです。

(2) 30代の場合

30代は人生において数々のイベントが控えている時期と言えそうです。結婚、マイホーム購入、女性であれば出産といったことが目白押しです。

「Wedding Park」というサイトによれば、平成27年において、初婚平均年齢は男性31.1歳、女性29.4歳とのことです。

また、平成30年の「少子化社会対策白書」によれば、母親の第1子平均出産年齢は30.7歳、第2子32.6歳、第3子33.6歳で、昭和60年に比べ第1子は4歳上昇しています。

マイホームについては、国土交通省が発表した「平成29年度住宅市場動向調査報告書」によれば、初めて住宅を取得した方の年齢は30代が最も多く、平均年齢は39.5歳とのことです。これは、住宅ローンとの関係も大いにあると思われます。

つまり、30代というのは、前半に結婚や出産などの大きなイベントが、後半にはマイホーム購入という大きな仕事が待ち構えているのです。

各世代の平均年収は、「民間給与実態調査」より、以下の通りとなっています。

【年齢別】平均年収とアップ率（男女計）

年齢	平均年収	アップ率
20 代前半	258 万円	
20 代後半	351 万円	＋ 36.05％
30 代前半	403 万円	＋ 14.81％
30 代後半	433 万円	＋ 7.44％
40 代前半	460 万円	＋ 6.24％
40 代後半	494 万円	＋ 7.39％
50 代前半	504 万円	＋ 2.02％
50 代後半	494 万円	－ 1.98％

もちろん、年収は学歴や都道府県によって異なりますが、例えば 30 歳東大卒の年収は約 707 万円と高額となっています。

貯蓄については、前出の調査では、30 代の平均額は 470 万円となっていますが、貯蓄 0 の家庭も 4 分の 1 くらいあることから、二極化されてくる年代であるともいえそうです。

30 代は、将来の年金については考えるのはまだ早い気がしますし、ともかくがむしゃらに一生懸命働く時期なのかもしれません。

そして、40 代の基盤作りということでは、財産表と 40 歳までの収支表を作成したりして、「学資保険」に入ったり、親が金持ちであれば生前贈与を受けたりすることも有用かと思います。

(3) 40 代の場合

40 代というのは、人生において最もお金のかかる時期です。住宅ローン返済、そして子供が中学から大学へ入る時期と重なるため教育費が一番かかる時期になります。

先ほどの「民間給与実態統計調査」によれば、**40代の平均貯蓄額**は588万円、**平均収入**は以下の通りです。

40代前半男性の平均収入は567万円、女性294万円、40代後半の男性の平均収入626万円、女性292万円で、男性の場合平均収入がある程度アップしますが、女性の場合それが微減することが意外でした。

また、貯蓄額についても気になることがあり、40代の貯蓄について、貯金があるが65%、ないが35%もあり、年収では300万円以下ですと約4割が貯金がなく、格差が生じているとの印象があります。

また、現在は正規か非正規かによっても事情は大きく異なりますし、業種や会社の規模によっても事情が大きく異なってきており、格差が生じやすい年代と言えそうです。

さて、40代になると、ある程度の予定は立ってくるものの、とりあえずあなたが40歳であれば、財産表と50歳になるまでの収支表をしっかり作ってみてはいかがでしょうか。

年金については、そもそも「年金は将来いくらもらえるか」気になってくる時期と思われますから、しっかり「ねんきん定期便」をチェックして、もれなどを防ぎましょう。

(4) 50代の場合

私もそうですが、50代になると、年金のみならず、老後のことや終活も少し気になってくる頃です。

結婚されている方は、子育ても一段落して、孫も生まれた方もいるかもしれませんし、住宅ローン返済もあと数年という方もいると思います。

平均収入であれば、前出の「民間給与実態統計調査」によれば、男性に限っては、**平均年収**は50代は約635万円くらいとなっており、会社員であれば役職などについている方も多いかと思われます。他方、女性の平均年収は約280万円くらいで、男女差が激しくなっています。

以上のことに伴い、**平均貯蓄額**も40代の643万円から50代は1,113万円とぐんと増えていますが、「家計の金融行動に関する世論調査」によれば、貯蓄がない世帯も29.5%となっており、老後のやりくりはたいへんかと思います。

50代の平均像としては、年収630万円、貯蓄1,100万円といったところでしょうか。

そして、現実には、**まず財産表**を作成し、おそらく65歳くらいまで働く方（年収は60歳からがくんと減るかと思いますが）も多いと思われますから、**50歳から65歳までの収支表も**作ってみてはいかがでしょうか。

50歳の貯蓄額1,100万円で出発して、65歳までの収支がプラス900万円であれば、65歳での貯蓄額は2,000万円になるのです。

そううまくはいかないかもしれませんが、人間先が見えてくれば、心配はなくなってくるのです。

年金については、「ねんきん定期便」によってもらえる年金額もかなり確定してきますから、いつから年金をもらい始めるかなどの決断も迫られる時期といえます。

（5）60代の場合

60代も30代と並んで大きな転機を迎える時期と言えます。定年を迎え、早い方であれば60歳から年金の繰上受給を選択して、年金をもらい始める方もいるのです。

60代の分岐点は、多くの人が年金をもらい始める**65歳**でしょう。

60歳から64歳までの**平均年収**については、「民間給与実態統計調査」によれば約400万円で、**平均貯蓄額**約1,400万円といったところです。

つまり、年金不足2,000万円ということを考えると、ちょっと不足しているといった感じがします。

財産表と収支表も60歳から64歳までの**詳しい計画**と、65歳から95歳までの**大雑把な計画**の2つがあるといいかもしれません。

65歳になって95歳までのものとか、5年ごとのものとかいろいろ作ってみてはいかがでしょうか。

年金についても繰上受給か繰下受給か悩むところと思いますが、もし65歳を過ぎて働いているのであれば、繰下受給もいいかと思います。

（6）70代の場合

内閣府「高齢者の経済・生活環境に関する調査」によれば、男性の場合、「65歳～74歳」で2人に1人、「75歳以上」でも10人に1人が働いているという結果が出ました。

また、年金をもらっている方が大多数と思います。

介護や健康のことも気になってくると思います。

本書は基本的に「お金の実用書」ですが、**老後の生きがい**ということも、もちろん大切になってきます。

ちなみに、ソニー生命保険が全国50歳〜79歳の男女に実施した、「シニアの生活意識調査」によれば、「これからの生活において優先的にお金を使いたいと思うもの」と「**生きがいややる気の源**」は表のようなものでした。

これからの生活において優先的にお金を使いたいと思うもの(複数回答可)	
優先的にお金を使いたいと思うもの	%
（旅行など）趣味	63.6
パートナー（妻・夫・恋人）との絆づくり	51.9
健康増進・アンチエイジング	46.7
子ども・孫との絆づくり	46.3
食事・お酒	35.7
友人との絆づくり	18.2
住まい・住環境	16.2
地域社会とのつながり	12.6
知識の習得・資格の取得	12.0
金融投資	10.5
仕事や仕事上のつきあい	7.2
ローン返済	6.4
寄付・ボランティア	6.3
その他	1.2
特になし	5.2

また、同調査で「現在大切にしているもの」は、健康が圧倒的な結果となりました。

1位	「健康」	(84.2%)
2位	「お金」	(60.4%)
3位	「子ども・孫」	(57.1%)
4位	「パートナー(妻・夫・恋人)」	(54.8%)
5位	「趣味」	(53.4%)

70代の方であれば、収支表より相続に直結するように**財産表をしっかり作っておく**ことをお勧めします。

(7) 80代以上の場合

80代以上の方の場合、基本的には「人生成功・勝ち組」といってもよいかと思いますから、資産家の方は相続をかなり意識するかもしれませんが、いまさら収支表を作成する必要はないかと思います。

また、年金などのお金より、終活や相続も気になってくるところと思います。

拙著に『あなたの終活を大成功に導く』(トータルEメディア出版)がありますが、ここでエンディングノートについて紹介しているので、これについて説明します。

エンディングノートを書くにあたっては、全くゼロから書くのは大変なので、ひな形となるものが必要だと思います。

まず、コクヨで『エンディングノート』が出ています。『もしもノート』須斎美智子著が安いようです。

最近では、インターネットで、無料でダウンロードできるエンディングノートもあるため、まず試しに書き始めたらいかがでしょうか。

次の「**人生・自分史」のエンディングノート**は、無料のサイトをダウンロードしたものです。

エンディングノートの基本情報として、以下のことを記載します。

エンディングノート

年　　月　　日

名前（旧姓）	
生年月日	
血液型	
出生地	
居住地	

次に、以下の「人生・自分史」を想いとともに作成しましょう。

人生・自分史

年	月	履歴（学歴・職歴）
		幼稚園　卒
		小学校　卒
		中学校　卒
		高等学校　卒
		専門学校・短大・大学　卒
		大学院・留学

記入者名（自著）

記入日　　　　年　　月　　日

3　自営業者編

これまでの説明は、主としてサラリーマンの方を念頭においたものでした。

日本の就業者数は6,311万人ですが、そのうち87％はサラリーマンで、8％の554万人が私のような自営業者になっています。

自営業者といっても、私のように資格を取って独立して事業を行なっている人から、飲食店に勤めていてそれから独立開業する人などさまざまです。

20代の頃を考えてみますと、お金のことより、資格を早く取って独立したいとずっと考えていました。

30代に入り、今度は独立したので営業しなければならず、初めは顧客0だったので、信託銀行のカードローンを借りたりして、お金にもたいへん苦労しました。

また、この頃から本の出版や講演の依頼も徐々に入ってきました。

40代・50代では、顧問先も増え、生活自体は安定はしてきましたが、将来の顧問先の減少、ＡＩ化、基本的に国民年金のみなど不安はあると言えばあります。

年金のことで、もう少し**自営業者として、私がしておけばよかったこと**も含めてお話ししたいと思います。

まず、一時期国民年金の未納があり、これは少しもったいなかったです（よって、65歳までの国民年金に任意加入の予定）。

ついでに、**400円の付加年金**（32頁）ももっと早く追加しておくべきでした。

　また、**国民年金基金や業界の年金（3階建部分）**にも入っておきべきだったと反省しています。

　最近入ったものとしては、「**小規模企業共済**」（月額5万円）、これは将来の退職金代わりになり、所得控除も全額受けられお勧めです。

　保険についても、**介護保険や所得補償保険**などに加入しています。

　自営業者は、結局自分で老後の資金を蓄えなければなりませんが、ｉＤｅＣｏのような自分で運用するものは、お勧めしませんし、私自身もしていません。

　結局、自営業者の強みは「**健康であれば、一生働くことができ、それが最高の年金**」となることを肝に銘じておいてください。

終　章
それでも 年金不足2,000万円 が心配な人のために

1　お金のかからない生活

この「年金不足2,000万円」は、月の年金収入を月の支出が上回る（約５万）ということから出てきた話でした。

それならば、年金を増やすことは難しいので、支出を減らすことや、健康を維持して医者にかからないことなどを考えればいいのではないでしょうか。私の考えを示してみます。

ひとつは「**自給自足生活**」です。

自給自足とは、自分で食べ物を作ったりして、自らの力で生活していくことですが、「田舎暮らし」と重なります。私も実は山梨県の八ヶ岳にある人から誘われたことがあります。そこに住んでいる方の多くが、規模の大小はあるものの、農園を持っているか、または借りて自ら野菜などを作っていました。

近年、特に自給自足のみならず、「スローライフ」を求めて山梨県への移住者は多いといえます。

本書は「お金の実用書」という立ち位置ですから、**自給自足の費用面**についてみてみます。

まず、いくら自給自足といっても、住む家はなければなりません。

「名無き仙人の綴る物語」というブログによれば、まず賃貸で「安いところでは家賃１～２万円」、購入の場合にも「都会に比べて中古物件」が安いということです。

当然、固定資産税など都会と比べ格安となります。

次に毎月の生活費について、同ブログでは次のように指摘しています。

水道代　　3,000円
電気代　　4,000円
ガス代　　4,000円
通信費（ネット代や携帯電話代）　　8,000円
衣服費　　3,000円
各種保険（生命保険や医療保険など）　　5,000円
雑費／交際費（冠婚葬祭費用や娯楽費含む）　　20,000円

田舎暮らしと切っても切れないものは、やはり**自動車**です。自動車を持つということは、ガソリン代などの維持費が通常かかってしまいます。ですから、自動車については、持っている人にお願いして同乗させてもらうとか、予算によって何らかの対策が必要になるかもしれません。

田舎暮らしには、実は別の効用があります。先ほど、私も八ヶ岳に誘われたと書きました。その誘った方は「化学物質過敏症」という一種のアレルギーのため、神奈川県から八ヶ岳に引っ越したのですが、今は生き生きと生活をしています。つまりアレルギー対策にもなるのです。

いきなり自給自足に不安な方は「**自給自足生活体験ツアー**」などに参加されることをお勧めします。

次に、私は生活改善アドバイザーもしていることから、**「医者いらず」の生活**もお勧めしています。

次のことは全ての方にお勧めしているわけでなく、あくまでも私の個人的見解であることをご承知の上読んでいただければと思います。

「家計調査」によれば、65歳以上の高齢者世帯の場合、「保険

医療」に費やす支出割合が、平均世帯に対して1.39倍と最も高くなっており、特に高齢者においては、保険医療に対する支出が大きいことがうかがえます。この点、若い世帯でも、こうした支出がないほうがよいのは当然のことです。

私は、ある大手病院の院長の講演会を聴いてびっくりしたことがあります。

2000年頃のことと思いますが、その院長が「がん検診はムダだから受けるな」と言っていたのです。

たしかに、最近がん検診を受け、がんの治療を受けたにもかかわらず、有名人の中で、あっけなく亡くなってしまう人が多いことは「少しおかしくありませんか？」。

その院長の言葉にもびっくりしましたが、知人の元看護師の女性からも「医者に治せる病気はひとつもない」とそれ以上の衝撃を受ける言葉を聞いたのです。

そして、最近いわゆる“現代医学否定本”が多く出版され、私も近藤誠先生、船瀬俊介先生、石原結實先生などの著作を片っ端から読んでみました。

その結果、**いくつかの「キーワード」**が浮かび上がってきました。

ひとつ目は「**ファスティング（断食）**」です。この点、私の知人の「青汁」だけで20数年元気で活躍されている森美智代さん、「一日一食」の宇多川久美子さん、「不食」の弁護士で有名になった秋山佳胤さんなども割と近くにいて、「なんだ少食や断食はできるんだ」という気持ちになってきたのです。

ふたつ目は、**体温が低い人は病気になりやすい**ことです。「体温が1度下がると、免疫力が30パーセント減少する」とのことです。理想の体温は、36.5度だそうです。

そして最後は、**薬に頼らないで治す**ということです。ある医師は「薬を２週間以上続けて飲むと、必ず副作用がある」と言っていました。

逆に体に良いものとしては、**笑い、感謝、ロングブレス、筋トレ**といったものがあります。

以上のことをより詳しく知りたい場合には、各先生方の著書を読まれることをお勧めします。

私は先の院長の言葉もあって、がん検診は一切受けませんが、血液検査は受けていました。はじめは、その院長の病院で血液検査を受けていたのですが、今は市町村の行なういわゆる「**メタボ検診**」で代替しています。

さて、いろいろなことがあり、私も基本的に朝食は「青汁中心」、また今後は昼食をなくし、夜は少食にして、「一日一食」に近づけていこうと思います。そして、今は**朝の使い方**に工夫をして、以下のようなことを毎日行なっています。

①起床時、顔を洗うときに、歯磨き粉をつけずに歯を磨きます。
②朝食変わりに野島博士の「超ミネラル水」入りの「キューサイの青汁」と一緒に生姜と小さな梅干し１個も食べます。
③ 30 分後、20 分くらいの筋トレをして、健康茶を飲みます。
④その後、スーパー温熱器で体を温めた後、体温を測ります。

この間、約１時間はかかりますが、１日の始まりの重要なルーティンになっています。

こうしたことは、実は今世間を騒がしている新型コロナウイルス対策にもなります。この対策としては、①マスク、②うがい、③手洗いも有効とは思われますが、何といっても自己の「免疫力」を高めておくことが大切なのです。

古代ギリシャの医者ヒポクラテスが力説していた言葉「人間は誰でも体の中に百人の名医を持っている」とは、まさに前述のことを言っているのです。

また、数年前、船瀬俊介・宇多川久美子の「ファスティング合宿」に参加して「生活改善アドバイザー」になりました。さらに、以前よりこれは素晴らしいと思っていた杉本錬堂先生の「天城流湯治法」の弟子にもなりました。

宇多川先生に関しては「一般社団法人国際感食協会」を、杉本先生に関しては「錬堂塾」を各々検索されば内容などがよくわかります。

しかし、こうしていろいろとやっても、病院にかかることはもちろんあるかと思います。そのような場合には、病院で検査を受けるとは思いますが、その後の治療については言いなりにならず、例えば江東区森下で食事療法を中心に治療を行なっている「イシハラクリニック」などにセカンドオピニオンをもらうことも良い方法と思います。

以上のことを参考にして、「保険医療費」はときには高額となることから、病気の予防と病気になった時の対処法を考えておかれることをお勧めします。

2　最後の砦「生活保護」

生活保護とは、資産や能力等すべてを活用してもなお生活に困窮する方に対して、困窮の程度に応じて、必要な保護を行ない、健康で文化的な最低限度の生活を保護し、その自立を助長する制度です。

生活保護の相談・申請窓口は、住所地の所管する福祉事務所の生活保護担当です。

生活保護は、世帯単位で行なわれ、不要な不動産があれば売却させられ、働くことが可能であれば、その能力に応じて働いてもらい、親族等からの援助が可能であれば受けてもらいます。

生活保護の支給例として、次のようなものがあります。

・3人世帯（33歳、29歳、4歳）郊外　160,110円
・高齢者単身世帯（68歳）東京都内　80,870円
・高齢者単身世帯（68歳）郊外　65,560円
・母子世帯（30歳、4歳、2歳）東京都内　189,870円
・母子世帯（30歳、4歳、2歳）郊外　159,900円

さらに、生活を営む上での必要な各種費用に対応した以下のような扶助が支給されます。

生活を営む上で生じる費用	扶助の種類	支給内容
日常生活に必要な費用 (食費・被服費・光熱費等)	生活扶助	基準額は、 1. 食費等の個人的費用 2. 光熱水費等の世帯共通費用 を合算して算出。 特定の世帯には加算があります。(母子加算等)
アパート等の家賃	住宅扶助	定められた範囲内で実費を支給
義務教育を受けるために必要な学用品費	教育扶助	定められた基準額を支給
医療サービスの費用	医療扶助	費用は直接医療機関へ支払 (本人負担なし)
介護サービスの費用	介護扶助	費用は直接介護事業者へ支払 (本人負担なし)
出産費用	出産扶助	定められた範囲内で実費を支給
就労に必要な技能の修得等にかかる費用	生業扶助	定められた範囲内で実費を支給
葬祭費用	葬祭扶助	定められた範囲内で実費を支給

ただ、以下のような**生活保護のデメリット**もあります。

①車や装飾品などの贅沢品をもてなくなる

②持ち家を売却したら、引っ越さなければいけない

③ローンやクレジットカードを利用できない

④飲酒や喫煙、ギャンブルが制限される

⑤自治体によっては条件が厳しく受給できないこともある

最近は、生活保護に対するネガティブな印象も薄らいでいるので、該当するようであれば、生活保護も検討の余地があると思います。

ここまでみたら、**最後に一言「年金不足 2,000 万円はまったく心配ない」のです。**

「年金不足2,000万円はまったく心配ない」が90分でわかるセミナーのご案内

本書を読むことが面倒な方のために、本書の大事な点や使い方などを著者が直接レクチャーします。

これを聴けばこの本の内容を完全にマスターできます。

1. 講師……実藤秀志
2. 対象……証券会社・保険会社などの金融機関
3. 講演料……御社規定で結構です。
4. 交通費……実費（関東近郊は無料）
5. セミナー受付電話番号　047-469-4768

参考文献

『年金を増やす術50』佐藤正明著（ダイヤモンド社）

『図解わかる年金　2019－2020年版』中村幸村／中村孝子著（新星出版社）

『年金だけでも暮らせます』荻原博子（PHP新書）

『国民年金150％トコトン活用術』日向咲嗣著（同文舘）

『人生100年時代の年金戦略』田村正之著（日本経済新聞社）

実藤秀志（さねとう・ひでし）
昭和36年　東京生まれ
昭和58年　埼玉大学経済学部卒業
昭和60年　公認会計士2次試験合格
平成元年　公認会計士3次試験合格
平成4年　独立開業
平成8年　不動産鑑定士2次試験合格
現在　公認会計士、税理士、不動産鑑定士補
また、仮想通貨研究家、生活改善アドバイザー、YOU TUBERとして活躍中。
著書
『宗教法人ハンドブック』（税務経理協会）、『年収100万円で楽しく幸せに生活する本』（三笠書房）、『1週間で「会計の基本」が身につく本』（PHP）、『老後破産しないための「6,000万円獲得大作戦」』、『あなたの終活を大成功に導く』、『ビットコインで億り人になる』（ペンネーム中本哲史で執筆、以上トータルEメディア出版）

装丁………佐々木正見
イラスト………工藤六助
DTP制作………勝澤節子
編集協力………田中はるか

年金不足2,000万円はまったく心配ない

発行日❖2020年 4月30日　初版第1刷

著者
実藤秀志

発行者
杉山尚次

発行所
株式会社言視舎
東京都千代田区富士見2-2-2 〒102-0071
電話 03-3234-5997　FAX 03-3234-5957
https://www.s-pn.jp/

印刷・製本
中央精版印刷㈱

ISBN978-4-86565-176-8 C0036